QUEL ÂGE AURAIT-IL AUJOURD'HUI ?

DU MÊME AUTEUR

Ne sois pas triste mon enfant, comprendre et soigner la dépression des petits, Paris, Robert Laffont, 1999.

Adolescents, la crise nécessaire, Paris, Fayard, 2002.

Nos enfants ont aussi un sexe. Comment devient-on fille ou garçon ?, Paris, Robert Laffont, 2001.

Ils n'ont d'yeux que pour elle, Paris, Fayard, 2002.

Séparons-nous... mais protégeons nos enfants, Paris, Albin Michel, 2004.

Comment survivre quand les parents se séparent ?, Paris, Albin Michel, 2004 (avec Bernadette Costa-Prades).

Élever un garçon aujourd'hui. En faire un homme, pas un macho !, Paris, Albin Michel, 2005 (avec Pascale Leroy).

Les pipis font de la résistance. Comment aider l'enfant à devenir propre ?, Paris, Albin Michel, 2006 (avec Carine Mayo).

La Deuxième Chance en amour, Paris, Odile Jacob, 2006 (avec Sylvie Angel).

Comment devient-on homo ou hétéro ?, Paris, Lattès, 2006.

Stéphane Clerget

Quel âge aurait-il aujourd'hui ?

Le tabou des grossesses interrompues

Fayard

Retrouvez l'auteur du livre
sur le site http://quelageilaurait.blog.fr

ISBN : 978-2-213-63075-5

À ceux, de mes frères ou sœurs,
qui n'existeront jamais.

« Sais-tu si tu avais vécu, ce que nous aurions fait ensemble ? »

Maxime LEFORESTIER

Avant-propos

Saint-Denis de la Réunion, 1989. Je fais mon service militaire en tant que volontaire à l'aide technique. Le ministère de la Défense nationale m'a « prêté » à celui de la Santé, et je travaille comme interne dans un service de psychiatrie pour enfants. Si j'ai déjà suivi des adultes, j'ai peu expérience en pédopsychiatrie : j'ai assisté à des consultations de pédopsychiatres confirmés, mais sans avoir pu véritablement en mener seul. Sur cette île à la population très jeune, il y a trop de travail pour s'offrir le luxe de prises en charge bicéphales. Je me souviens de mon premier cas : Donovan. L'enfant de sept ans que je reçois vient pour des difficultés majeures d'apprentissage. Il ne sait ni lire ni écrire, ni compter. Dès la première séance, il « me » dessine une maison avec un enfant à l'intérieur.

– Qui est-ce ?

Il ne répond pas.

– C'est toi ?

Donovan acquiesce de la tête.

Sous le toit de la maison, il dessine alors un enfant

assis à une table. Je lui demande à nouveau : « Qui est-ce ? » Pas de réponse. « C'est ta sœur ? » Je sais, en effet, par sa mère qu'il en a une. L'enfant ne dit rien, mais s'agite sur sa chaise.

– N'a-t-il pas d'autres frères et sœurs ? demandé-je à sa mère

– Non, me répond-elle.

– Ni de demi-frère ? insisté-je

– Non.

– Tu as peut-être un frère caché, dis-je à l'enfant en souriant comme on clôt un mystère par une boutade.

Aussitôt, la mère fond en larmes. Je lui tends un mouchoir. « J'ai perdu un enfant à six mois de grossesse, me dit-elle. C'était un garçon. »

Donovan pose son feutre, quitte sa chaise et va se mettre près de sa mère comme pour la consoler.

– Votre fils était-il au courant ?

– Non. Il n'était pas né, et je ne lui en ai jamais parlé.

Donovan semble se sentir coupable d'avoir fait pleurer sa mère. Il se demande quelle bêtise il a faite, surpris peut-être par ses propres dons de devin.

J'ai ainsi la confirmation que les jeunes enfants communiquent de façon infra-verbale avec leurs parents, percevant certaines de leurs pensées sans même les connaître. Je me rends compte aussi combien la disparition d'un enfant peut être lourde de conséquences au sein d'une famille.

Par la suite, la mère revient pour quelques séances durant lesquelles elle ne peut s'exprimer autrement que par des larmes. Mais chacune d'elles libère un peu plus Donovan, qui réussit désormais à s'intégrer de mieux en mieux à l'école.

Depuis lors, chaque fois que je reçois un enfant en consultation, je questionne ses parents sur leur histoire personnelle. Je demande systématiquement aux mères si elles ont eu des grossesses qui n'ont pas été menées à terme. Il est question de fausse couche (FC), d'interruption volontaire de grossesse (IVG), de grossesse extra-utérine et, plus rarement, de mort *in utero* pour des fœtus de quelques mois ou d'interruption médicale de grossesse (IMG). J'ai été surpris au fil de ma pratique de constater la fréquence des pertes de ces enfants à naître et des traces psychiques laissées par elles chez les mères, et parfois dans le reste de la famille. Et je me suis étonné qu'on parle si peu d'une peine si communément partagée.

On conçoit aisément, quand il s'agit d'une grossesse avancée, qu'il y ait une souffrance psychique après une IMG. Encore que beaucoup de ces femmes soient invitées à oublier ce qui a été. Mais on peut être davantage surpris par l'impact psychologique des fausses couches précoces et des avortements volontaires.

Les fausses couches du premier trimestre surviennent en moyenne sur 15 % des grossesses[1]. Après

1. Leur fréquence est même sous-estimée, car il est difficile de comptabiliser le nombre d'avortements très précoces survenant avant ou au moment des règles et passant ainsi inaperçus. Certaines études

douze semaines de grossesse, elles deviennent rares [1]. Mais leur survenue a un impact d'autant plus important que la grossesse est plus investie affectivement. La fréquence des fausses couches tend à rendre celles-ci banales, voire négligeables aux yeux de l'entourage. Pourtant, nombreuses sont les femmes qui ressentent encore de la douleur morale après plusieurs années pour au moins une de leur FC. Sans être systématiquement traumatique, cela reste un événement de vie, au sujet duquel les femmes ont des choses à dire si on prend le temps, et si on ne craint pas, de les écouter. Je vais m'intéresser dans ce livre aux ressentis, à court et à moyen terme, insuffisamment étudiés et pris en charge. Je veux donner la parole à ces femmes qui ont perdu un enfant qu'elles n'ont jamais eu. Les fausses couches, spontanées ou non [2], donnent souvent corps dans leur esprit à cet absent qui pourra les accompagner des années durant. Quel âge aurait-il aujourd'hui ? Comment serait-il ?, se demandent-elles, par exemple, à la date anniversaire de la fausse couche.

Les IMG sont plus rares. Mais le caractère volontaire de la décision d'interrompre la grossesse, bien

---

estiment ainsi jusqu'à 70 % les échecs d'implantation d'œufs normalement fécondés.

1. En effet, les trois quarts des fausses couches spontanées reconnues surviennent avant trois mois.

2. Interruption volontaire de grossesse (IVG) ou interruption médicale de grossesse (IMG).

que justifiée par le risque de la malformation, ajoute la culpabilité au chagrin de la disparition.

Évoquer les conséquences psychologiques de l'IVG est tabou aujourd'hui, car on devient aussitôt suspect de soutenir les mouvements anti-avortements. Aux États-Unis, où ces mouvements sont très actifs, est née la notion de PAS, le *Post Abortion Syndrome*[1], mais qui n'est pas un syndrome médicalement reconnu en tant que tel. Les réactions à l'IVG sont, à mon avis, trop variables pour que l'on puisse parler de syndrome post-abortif. Cependant, on peut légitimement parler des divers troubles réactionnels succédant à la perte d'un enfant à naître en général, et à un avortement en particulier. En faisant le constat que, parmi les 200 000 IVG annuelles en France, un certain nombre d'entre elles ont des conséquences psychologiques pour les femmes concernées, je ne compte certainement pas remettre en question la loi sur l'avortement et ce droit, devenu fondamental, des femmes. En revanche, nier que des douleurs morales ou des réactions négatives, liées à des troubles antérieurs révélés par l'intervention ou bien créées *de novo*, peuvent faire suite à ces interventions, empêcherait de soulager les femmes qui en souffriraient. Cela enrayerait tout travail de prévention et de prise en charge secondaire. J'ajoute que le fait de souffrir psychologiquement dans les suites d'une IVG n'implique pas que l'on regrette son choix. Certes, des

1. Syndrome du postavortement.

femmes expriment ce regret. Mais cela peut aussi correspondre à un mouvement de reconstruction du passé à la lueur d'un présent qui n'aurait sans doute pas été celui-là si elles n'avaient pas avorté. On peut reconnaître nécessaire une décision, tout en ouvrant les yeux sur ses retombées psychiques et affectives.

La procréation médicalement assistée est parfois suivie d'une réduction embryonnaire quand la fécondation artificielle a suscité des grossesses multiples. Sur un plan psychologique, la réduction embryonnaire laisse aussi des traces.

Je rappellerai ce qu'on tend à oublier de nos jours, qu'une femme enceinte n'est pas une femme comme les autres. Physiquement bien sûr, mais aussi psychologiquement, et j'indiquerai en quoi cet état mental singulier la rend particulièrement sensible à une telle perte.

Même si le soulagement domine après une IVG, on peut observer, pour toutes les formes de perte d'enfant à naître, de la tristesse, de la colère, du déni, de la culpabilité, de la honte, de la crainte, du doute, ou un état dépressif. Parfois c'est un véritable traumatisme. Chaque femme va accueillir sa fausse couche, spontanée ou non, en fonction de son histoire personnelle. Et pour chacune, cet événement occupera une place propre.

Je donnerai des conseils au gré de ces pages dans le but d'aider les femmes à surmonter ce qui peut être vécu comme un drame, et à se reconstruire sans séquelle.

Aux conséquences sur la femme s'ajoutent celles sur ses enfants. Ceux qui sont déjà présents et ceux qui sont à venir. Rien ne se perd dans la psyché, tout se transmet, et un deuil non fait peut être inoculé à son enfant.

J'évoquerai aussi les conséquences de ces pertes d'enfants à naître sur celui qui espérait, ou redoutait, d'être père. Les retombées sur le couple, quand chacun vit son deuil à sa façon et à son rythme, sont aussi à prendre en considération, notamment quand la libido de la femme ou de l'homme est entravée par ce drame.

Qu'elles soient spontanées ou non, les fausses couches sont de vrais événements que les femmes doivent pouvoir raconter, que la société doit reconnaître. Cette reconnaissance sociale passe par des changements d'attitudes et de discours au sein de l'entourage comme des équipes de soins. Elle passe aussi, nous le verrons, par de possibles mises en place de rites funéraires autour des dépouilles fœtales ; car les rites permettent une véritable délivrance.

CHAPITRE PREMIER

Conditions de départ

LE FŒTUS, STAR DE CINÉMA

Un jour de 1821, le fœtus est devenu une réalité quand Jacques Alexandre Lejumeau de Kergaradec repère les bruits de son cœur. C'est un gynécologue écossais, Ian Donald, qui nous offrit l'échographie. On ne voyait alors que des contours grossiers du fœtus qui s'approchaient plus du brouillon que du dessin et laissaient à l'imaginaire toute sa place. Aujourd'hui, les progrès accomplis nous donnent des images extrêmement précises, en couleurs et en relief.

Des centres d'échographie spectacle, à but non médical, prolifèrent depuis quelques années. Ils proposent de voir le fœtus filmé en trois dimensions dans l'utérus. Les futurs parents reçoivent même un CD en souvenir. Rappelons que les échographies médicales qui sont réalisées à la 12e, 22e puis 32e semaine d'arrêt des règles ont comme objectif de vérifier le bon développement du fœtus et de déceler d'éventuelles malformations. Physiquement, cette surexposition aux ultrasons n'est peut-être pas sans risque. D'ailleurs, l'Agence française de sécurité sanitaire des produits de santé [1] a rendu en 2005 un avis déconseillant cette pratique non médicalisée. L'autre risque se situe du côté des parents : le surinvestissement de l'image du fœtus en fait déjà un bébé ; il s'agit en quelque sorte des premières photos pour l'album de famille. La perte éventuelle du fœtus serait alors vécue d'autant plus douloureusement qu'il a été investi trop précocement comme un nouveau-né.

L'échographie humanise le fœtus en le désignant aux yeux de témoins, en lui assignant un sexe, en le définissant sous un aspect humain, en donnant à voir ses attitudes (succion du pouce, bâillement). Le paradoxe, c'est que les techniques de visualisation, la médicalisation, voire la chirurgie du fœtus, favorisent comme jamais auparavant l'idée selon laquelle le fœtus est une personne, alors que le développement spectaculaire des dépistages prénataux – à l'origine d'interruptions médicales de grossesse –, ainsi que les procréations médicalement assistées, font du fœtus un sujet innommé.

Aujourd'hui, ce n'est plus la Nature ou une divinité qui décident de nos grossesses. « Un enfant quand je

1. Afssaps.

veux, si je le veux », slogan proclamé par les féministes dans les années 1960-70, est devenu réalité. Les progrès des moyens de contraception et des techniques de procréation médicalement assistée permettent de programmer les naissances. On choisit le moment adéquat pour devenir mère, dans une existence de femme où la carrière professionnelle exige son propre temps. La femme, à peine enceinte, devient responsable de son embryon dès sa conception – avant qu'il ne devienne son enfant, avant qu'elle ne soit mère.

« J'AI PERDU L'EMBRYON DE MON BÉBÉ »

Cette personnalisation de plus en plus marquée du fœtus s'entend aussi quand une femme enceinte seulement de quelques jours dit déjà qu'elle attend un bébé. Pourtant, c'est bon signe qu'elle le dise. Cela signifie qu'elle investit psychologiquement et affectivement cet enfant potentiel, qu'elle l'accepte en son sein, et qu'elle se prépare à l'accueillir après la naissance. Mais cela explique également sa douleur en cas de perte. Tout au long de ce livre, je laisserai à ces femmes qui témoignent l'exclusivité de cette appellation « bébé », mais je l'emploierai uniquement pour désigner l'enfant, une fois né. Pour l'enfant à venir, j'utiliserai les termes médicaux d'embryon et de fœtus.

Si l'on décompte ensemble les fausses couches, les grossesses extra-utérines, les interruptions de grossesse volontaires ou médicales, c'est plus d'une grossesse sur deux qui ne serait pas menée à son terme.

L'embryon désigne le premier stade de développement de l'individu. Il débute dès l'instant de la fécondation (c'est le début de la grossesse), et dure huit semaines (56 jours). Ce stade correspond donc aux deux premiers mois de la grossesse ou aux dix premières semaines d'aménorrhée (d'arrêt des règles) ; puisque l'ovulation, qui permet la fécondation, a lieu environ deux semaines après les dernières règles.

L'embryon devient fœtus au début de la neuvième semaine de la grossesse (onzième semaine d'aménorrhée) jusqu'à la naissance. C'est donc à partir du 57e jour de gestation qu'on parle de fœtus ou de stade fœtal.

Une fausse couche est l'avortement spontané, c'est-à-dire l'expulsion naturelle d'un embryon ou bien d'un fœtus âgé de moins de vingt-deux semaines d'aménorrhée (vingt semaines de grossesse) et pesant moins de 500 grammes. C'est la définition de l'Organisation mondiale de la santé. Après cette date, le phénomène est appelé « accouchement prématuré ».

Deux cent mille femmes sont officiellement touchées chaque année par les fausses couches. À l'âge de 20 ans, le risque d'avortement spontané est de 9 %, alors qu'il atteint 40 % chez les femmes de plus de 40 ans. Dans 85 % des cas, après une première fausse couche, la grossesse suivante se déroule sans encombre. Un incident de parcours : « On chute, et l'on reprend sa marche », me dit Brigitte qui a quatre enfants et fait deux fausses couches. Pourtant, certaines chutes laissent des douleurs résiduelles ou des séquelles.

La majorité des fausses couches, c'est-à-dire 60 % d'entre elles, surviennent avant deux mois. À partir de trois fausses couches successives, on parle de fausses couches à répétition. De 2 à 5 % des couples sans enfant ont connu des fausses couches répétées. Il est rassurant de savoir qu'après trois ou quatre fausses couches successives, la chance d'avoir une grossesse normale reste comprise, selon les différentes études, entre 40 et 80 %.

Fausse couche en *causes*

Avant de s'intéresser aux conséquences psychologiques des fausses couches, tentons d'en présenter les causes. Parce que la découverte d'une cause donne l'espoir de pouvoir prévenir une récidive, confère un sens à cet événement dramatique et déculpabilise une femme qui croit être, par son comportement, responsable de la fausse couche. Et parce que, selon la cause, les réactions varient. Insistons sur les causes psychologiques, car l'état psychique préalable sous-tend les contrecoups psychologiques à une fausse couche.

Causes non psychologiques

Du côté du fœtus :

Les principales causes des fausses couches sont sans doute toutes les anomalies chromosomiques qui le rendent non-viable ; ce sont en tout cas celles que mettent en avant les médecins, en guise de kit de consolation pour les mères. L'utérus va alors expulser « naturellement » le fœtus. On sait que les risques malformatifs augmentent avec l'âge de la mère, et que l'utérus d'une femme mature est aussi moins réactif pour expulser un embryon malformé.

Du côté de l'environnement :

Les polluants sont suspectés. Et, bien sûr, les prises de tabac et d'alcool sont mises en cause. La fréquence de ces prises en fait un facteur courant de culpabilité chez celles qui en ont usé, même à faible dose.

Du côté de la femme :

L'âge entre en ligne de compte. Le nombre de fausses couches augmente avec lui. C'est pourquoi certaines femmes vont regretter de ne pas avoir fait un enfant en étant plus jeunes.

Les causes anatomiques représenteraient 15 à 30 % des cas. Il s'agit avant tout des anomalies de l'utérus, ou bien d'un col utérin insuffisamment tonique.

Des défauts de sécrétions hormonales[1] ou des anomalies de l'ovulation sont aussi rendus responsables. Le destin hoquette parfois. Milena qui attendit d'être

1. Par exemple une insuffisance lutéale.

prête pour se décider à devenir mère eut trois fausses couches à un an d'intervalle chacune. Des examens médicaux approfondis mirent en évidence des dérèglements hormonaux qui rendaient impropre à la nidation sa muqueuse utérine. Heureusement, un traitement adapté lui permit d'accomplir jusqu'à son terme une grossesse. Milena est aujourd'hui mère de deux jumelles.

Les causes hormonales sont de natures diverses et concernent aussi la glande thyroïde ou les glandes surrénales.

Les causes immunologiques sont une voie de recherche importante aujourd'hui. Il est question d'anticorps fabriqués par la mère et dirigés contre le placenta ou le trophoblaste qui enveloppe l'embryon.

Des problèmes de coagulation peuvent également entraîner des altérations des enveloppes de l'embryon.

En revanche, les causes infectieuses, jadis très présentes, sont aujourd'hui rares.

La découverte d'une cause médicale ne soulage pas toujours de la culpabilité qui suit une fausse couche. On va en effet s'en vouloir de ne pas avoir fait plus tôt les examens médicaux ou simplement de ne pas avoir été suffisamment « saine » pour accueillir un bébé, car la maladie reste associée au péché ou à la faute en de nombreux esprits.

Le rôle du stress ou de la dépression

Quant aux causes psychologiques, elles sont malaisées à mettre en évidence et à prouver. Intuitivement, les femmes les soupçonnent volontiers, mettant notamment en cause le stress de la vie professionnelle. La recherche d'une cause concerne essentiellement les fausses couches à répétition. Mais, pour un couple sur deux victimes de FC à répétition, aucune cause n'est trouvée. Aujourd'hui, l'impact du stress sur les fausses couches à répétition et sur les échecs de fécondation *in vivo* apparaît peu discutable [1], même s'il n'y a pas une théorie explicative affirmée [2].

Le rejet de l'ensemble fœtus et placenta par le système immunitaire est souvent évoqué, à l'instar des rejets de greffes. La grossesse implique un système de

---

1. N. Lédée-Bataille, B. Koeppel, R. Frydman, G. Chaouat, « L'impact du stress dans le dialogue materno-fœtal : une approche immunologique », *EMC, Gynécologie, Obstétrique, Fertilité,* vol. 31, n° 9, p. 778-781, 2003. Sur ce sujet, le Dr Pablo Nepomnaschy (Caroline du Nord) a suivi pendant un an une soixantaine de femmes guatémaltèques ayant le même mode de vie. Toutes les trois semaines, on analysait leurs urines pour détecter une éventuelle grossesse et mesurer le taux de cortisol. On sait que le stress augmente son taux dans les urines. Sur 22 grossesses, il y a eu 13 fausses couches. Soit plus de 50 %. Quand le taux de cortisol lors des trois premières semaines de grossesse était très élevé (multiplié par trois environ), 90 % des grossesses ont avorté spontanément. Parmi celles qui avaient un taux bas, il n'y a eu qu'un tiers de fausses couches. La conclusion de cette étude a été que le stress multiplierait par trois le risque de fausses couches.

2. Car la mesure du stress et l'impact de sa durée diffèrent d'un individu à l'autre ; la mesure des mouvements immunologiques est également difficile à établir.

reconnaissance entre la mère et le fœtus. En effet, le fœtus porte en lui du matériel génétique issu de son père qui doit être reconnu comme du « non-soi » par la mère et, en conséquence, rejeté comme un corps étranger. Or, il y a donc chez la mère des mécanismes de tolérance qui font que le corps maternel admet comme sien un corps étranger et qui permettent ainsi la survie de l'espèce. L'activité des cellules responsables[1] du rejet des corps étrangers est normalement diminuée au cours de la gestation. Un état de stress va affaiblir la capacité adaptative de la femme, et entraîner un déséquilibre parmi les mécanismes immunologiques impliqués dans la reconnaissance materno-fœtale. Considéré comme étranger, l'embryon ou le fœtus va être rejeté.

Le stress pourrait aussi avoir une influence sur la circulation sanguine et perturberait les échanges entre utérus et placenta, parfois jusqu'au déclenchement d'une fausse couche. S'il est possible d'affirmer que le stress aigu favorise les fausses couches[2], d'autres études permettent de constater qu'un état dépressif favorise également les fausses couches. L'impact du stress chronique sur les fécondations *in vitro* est plus variable[3].

Connaître le lien qui existe entre le psychisme et le

1. Cellules sécrétant des cytokines Th1 et Natural Killer.
2. Ce qui a été bien documenté en période de guerre.
3. Ainsi, il semble qu'un stress aigu chez une femme infertile et déprimée favorise un résultat positif de fécondation *in vitro*.

système immunitaire ouvre un champ de réflexion sur les facteurs psychologiques qui, en dehors des états de stress ou de la dépression, pourraient faire obstacle au bon déroulement d'une grossesse ou, au contraire, la rendre possible. Les causes psychologiques sont aussi à l'origine de la culpabilité, car la femme va s'en vouloir de ne pas s'être mise à l'abri du stress, voire d'avoir été dépressive, d'autant plus que la culpabilité est inhérente à la dépression.

IVG (interruption volontaire de grossesse)

Un acte dans la vie d'une femme

À côté des fausses couches, les interruptions volontaires de grossesse sont une autre cause de disparition fœtale. Le caractère volontaire de cet acte fait évidemment que les conséquences psychologiques sont différentes. Cependant, la culpabilité en est un point commun. L'IVG n'est pas une maladie, c'est un acte posé dans la vie d'une femme qui estime que son bien-être physique, moral ou social est menacé à un moment précis de son existence. Il est motivé par le non-désir d'enfant, le refus d'une grossesse, ou des conditions morales, psychologiques, physiques, affectives, conjugales, familiales, matérielles qui rendent la grossesse ou la maternité impossible ou potentiellement préjudiciable pour la famille, la mère ou l'enfant. En effet, la naissance d'un enfant, souhaité ou non, ne suffit pas pour faire de la femme qui le met au monde une mère comblée, comblante, ni suffisamment bonne. Une naissance, qu'elle soit désirée ou non, est un événement de vie qui provoque des remaniements. Une grossesse souhaitée peut déclencher, par exemple, une dépression *post-partum*. Une grossesse fondamentalement refusée, mais conduite cependant à son terme, a habituellement des répercussions psychologiques négatives sur la femme. Devenir mère, à certaines époques de la vie d'une femme, ou quel que soit le moment de son existence, est vécu parfois comme menaçant. La venue au monde d'un enfant mettra alors en péril son équilibre psycho-affectif. À cela s'ajoute le risque (par définition incertain) d'un destin funeste pour l'enfant.

L'interruption volontaire de grossesse est légale en France depuis 1975. Malgré la contraception, l'IVG demeure un problème de santé publique au vu du nombre de femmes concernées : 200 000 IVG environ sont pratiquées chaque année en France ; 15 % des grossesses se terminent par ce qu'on appelle aujourd'hui l'« expulsion prématurée, volontairement provoquée, du produit de conception ». Ce chiffre est à peu près identique depuis la légalisation de la pilule. Et 30 % des grossesses non désirées surviennent sous pilule. La légalisation de l'IVG a certes permis un encadrement médical, faisant chuter les risques sanitaires ; il devrait en être de même des séquelles psychologiques. D'ailleurs, aujourd'hui, si un entretien avec un psychologue est proposé avant et après l'intervention, celui-ci n'est pas toujours accepté, ni toujours suffisant. Les conséquences psychiques d'une IVG ne sont pas suffisamment reconnues, ni par la société, ni par les femmes concernées. D'ailleurs, elles ne sont pas toujours immédiates ; elles peuvent rester longtemps enkystées, agir masquées, ou être secondairement supportées par un enfant auquel elles auront été transmises. Elles correspondent aussi souvent à la cristallisation de problèmes psychologiques antérieurs.

Or, l'histoire ne s'arrête pas avec l'évacuation. C'est pour prévenir, accompagner et guérir de ces conséquences psychologiques des FC, des IVG, des IMG, des morts *in utero* que j'ai écrit ce livre.

Prévenir les troubles

La nouvelle loi du 4 juillet 2001 facilite l'accès aux méthodes contraceptives et à l'IVG. C'est un acte médical qui n'est jamais anodin. Un déroulement respectueux de ces règles et un accompagnement humain préviennent en partie l'apparition d'éventuelles réactions psychologiques. Le médecin et son équipe ont le devoir d'informer la femme, de s'assurer de son souhait véritable et du choix de la méthode la plus adaptée. Lors de la première consultation, le médecin contacté a le droit, selon une clause de conscience, de refuser de pratiquer l'IVG. Cependant, il doit d'emblée aviser la patiente, en lui communiquant les coordonnées de praticiens ou d'établissements susceptibles d'accepter cette pratique. Il doit bien sûr s'assurer de la grossesse et évaluer l'âge du fœtus. Il réalise éventuellement une échographie afin de préciser l'âge réel de celui-ci et de déterminer la localisation de la grossesse. En France, une IVG ne peut être réalisée qu'avant la fin de la douzième semaine de grossesse[1]. Le médecin fait un examen gynécologique complet : il vérifie en particulier la normalité du vagin et le volume de l'utérus, il contrôle qu'il ne s'agit pas d'une grossesse multiple, d'une grossesse extra-utérine, d'une grossesse molaire, ou encore d'une grossesse arrêtée. La patiente est informée des méthodes et des risques, et une prise de sang précise le groupe sanguin Rhésus. La loi impose désormais un entretien social, c'est-à-dire un entretien d'information, de soutien et d'écoute qui peut être mené par un(e) assistant(e) social(e) dans l'établissement de soins[2].

Un délai de réflexion d'une semaine est obligatoire après cette première consultation, et l'intéressée doit

1. Quatorze semaines d'arrêt de règles.

2. Si la patiente est mineure (et non émancipée), elle confirme par écrit sa demande au médecin, accompagnée de l'autorisation parentale. Si elle veut tenir cette IVG secrète et que le médecin a bien insisté pour obtenir son consentement à consulter au moins un parent, c'est possible, mais elle doit alors se faire accompagner par une personne majeure de son choix. Le médecin ou l'assistant(e) social(e) conseillera la mineure sur le choix de cette personne dont la responsabilité civile ou pénale ne sera pas engagée. Cet adulte devra assurer juste une mission d'accompagnement et de soutien psychologique auprès de la mineure.

renouveler sa demande par écrit. Si l'âge gestationnel est entre dix et douze semaines de grossesse, ce délai peut être réduit à deux jours. Des établissements privés ou publics, bénéficiant d'un accord de la préfecture, peuvent accueillir les femmes pour une IVG. Mais un généraliste ou un gynécologue en cabinet peut aussi prendre en charge des IVG par méthode médicamenteuse à la condition que ce médecin ait établi une convention avec un établissement de soins habilité.

La méthode médicamenteuse

La majorité des IVG sont faites par voie chirurgicale. Mais avant cinq semaines de grossesse, on peut utiliser la méthode médicamenteuse comme alternative à l'aspiration utérine [1]. Il s'agit de la prescription d'une antiprogestérone [2] et d'une prostaglandine : le but étant d'obtenir une hémorragie avec expulsion complète, sans révision utérine. À la première visite a lieu la prise de Mifépristone (RU486). Et 36 à 48 heures après, celle de Misoprostol. Le saignement survient dans les trois ou quatre heures suivant cette deuxième prise. Sinon une deuxième dose de Misoprostol est nécessaire. Mais, hélas, l'expulsion n'est pas obligatoirement complète, et

1. À noter que si l'autorisation de mise sur le marché des médicaments limite à cinq semaines de grossesse l'IVG médicamenteuse, l'ANES la préconise jusqu'à dix semaines, voire douze dans certaines conditions.

2. Antiprogestérone : Mifépristone (Mifégyne), ex. : RU486 – comprimés de 200 mg.

l'on prescrit généralement des antidouleurs. Si l'intéressée est rhésus négatif, elle reçoit une injection de gammaglobulines anti-D. Dans les centres habilités, elle peut partir au bout de trois heures. Mais la femme peut aussi expulser chez elle. Une consultation médicale de contrôle est obligatoire dans un délai de dix à quatorze jours pour vérifier que l'expulsion a été complète. Les risques de la méthode médicamenteuse sont liés au non-respect des contre-indications[1] ou des précautions d'emploi[2]. L'autre risque est la perte de sang trop abondante. L'échec de la méthode médicamenteuse serait, selon les études, compris entre 1 et 8 %.

La méthode chirurgicale consiste en une dilatation du col utérin suivi d'une évacuation du contenu de l'utérus par aspiration[3]. Au-delà de trois mois d'arrêt des règles, l'aspiration ne permet pas une évacuation complète. Et il faut souvent retirer des débris du fœtus avec une pince. L'aspiration par rapport au curetage est plus rapide et abîme moins l'utérus. Une IVG est douloureuse d'autant plus que la femme est jeune et qu'elle appréhende l'acte. Mais aussi quand l'utérus est mal placé, qu'il y a des antécédents de règles douloureuses, ou que la grossesse est avancée. Cela justifie une anesthésie locale, voire générale. Une visite de

1. Allergie connue aux constituants du comprimé, asthme sévère non équilibré, grossesse extra-utérine, insuffisance rénale, surrénale ou hépatique, malnutrition.

2. En premier lieu, s'assurer qu'il y a bien grossesse.

3. Sous contrôle de l'échographie au-delà de sept semaines d'aménorrhée.

contrôle se fera entre deux et trois semaines après l'intervention pour s'assurer que l'utérus est bien vide et vérifier la mise en place d'un moyen contraceptif. C'est aussi l'occasion d'évaluer le retentissement psychologique de l'IVG sur la patiente et de lui proposer, si besoin, un accompagnement.

Des conséquences physiques et psychologiques possibles

S'intéresser aux répercussions psychologiques ne doit pas faire oublier les conséquences physiques de l'IVG ou du curetage après un avortement spontané. D'autant que ces dernières renforcent le vécu traumatique. La légalisation de l'avortement et l'encadrement médical ont heureusement fait chuter la fréquence de la mortalité et des complications majeures consécutives aux avortements clandestins. Aujourd'hui, en France, le risque de mort au cours d'une IVG est exceptionnel. Cependant, le risque lors d'une anesthésie générale est très faible, mais n'est pas nul, ainsi que celui d'une exceptionnelle embolie gazeuse[1]. Par ailleurs, des saignements peuvent survenir dans les suites immédiates, des perforations accidentelles de l'utérus et plus fréquemment des lésions du col de l'utérus (entre 0,1 et 1,2 %) sont possibles, une infection peut ensuite se déclarer. Elle va d'une simple réaction fébrile à une endométrite[2]. Un autre risque est de pas-

1. Embole d'air dans les vaisseaux.
2. Infection de l'utérus.

ser à côté d'une grossesse extra-utérine si l'on analyse mal le produit de l'expulsion. En cas de mauvaise évacuation après aspiration, comme lors de fausse couche spontanée, on a des saignements, des douleurs au bas-ventre et un risque infectieux.

Il arrive que le souvenir douloureux s'enracine alors dans ces complications physiques qui vont masquer d'éventuelles complications psychologiques. Mais, elles servent aussi de porte-voix à la douleur morale. En effet, il est plus aisé pour une femme d'évoquer à son entourage des complications médicales ou chirurgicales plutôt que sa souffrance psychique après une IVG ou une FC. L'énoncé de ses problèmes physiques fait alors office de sauf-conduit pour présenter un chagrin qui ne pourrait se dire autrement. Émeline : « J'ai eu une IVG par aspiration. Mais il restait des débris. On m'a donné du Cytotec[1] pendant trois jours. Mais ça n'a pas suffi. Je me suis dit qu'il n'avait pas envie de partir. J'ai dû subir alors un curetage. »

Quant aux séquelles psychiques, il est souvent enseigné dans les cours mêmes de la Faculté de médecine qu'en dehors d'un sentiment de culpabilité, les troubles psychologiques concernent essentiellement les femmes ayant déjà des troubles psychiatriques, notamment du registre de la psychose (trouble grave de la personnalité). Cela ne me semble pas correspondre à la réalité. Partisans du syndrome postabortif ou non,

1. Misoprostol.

tous s'accordent à reconnaître que les réactions des femmes qui avortent varient en fonction de l'âge, du statut socio-économique, du contexte où l'avortement a été envisagé, et des croyances religieuses ou philosophiques. Que la poursuite d'une grossesse non désirée ait des effets psychologiques sévères sur la mère et l'enfant à venir, on peut en convenir. Que les conséquences négatives des IVG, quelle que soit la fréquence de celles-ci, soient en lien, comme c'est le cas habituellement, avec la situation qui a motivé la décision d'avorter, et qu'elles soient favorisées par des troubles psychologiques antérieurs, c'est logique. Il n'en reste pas moins vrai qu'il ne faut pas nier leur existence, qu'il faut accepter de les voir en face et faire au mieux pour les soulager. D'autant plus que le caractère « volontaire » de cet acte fait que l'entourage est peu enclin à prendre en considération la peine conséquente.

TIREZ LA CHASSE !

Les circonstances qui entourent la décision d'une IVG donnent le *la* aux ressentis de la personne concernée qui s'ensuivront. Des problèmes de couple ou des difficultés personnelles préalables, des complications physiques dans les suites de l'intervention, une IVG réalisée à contrecœur, un accompagnement médical ou des conditions d'accueil délétères sont autant d'occurrences qui font le lit de complications psychologiques futures. L'endroit où se déroule l'avortement influence également les éventuelles conséquences psychologiques. Les femmes évoquent souvent le décor froid de la clinique, l'accueil impersonnel des employés hospitaliers, le sentiment de solitude.

L'hospitalisation n'est d'ailleurs plus obligatoire. De plus en plus de femmes avortent aujourd'hui à domicile[1], quand il est possible, bien entendu, de le faire par voie médicamenteuse. Le cadre familier et la présence d'un proche rendent sans doute l'avortement proprement dit moins traumatique. La honte est évidemment réduite quand on reste chez soi, à l'abri du regard du personnel et de sa voisine de chambre. À la maison, le compagnon est plus facilement présent et offre un soutien. L'IVG médicamenteuse[2] a aussi l'avantage d'éviter une intervention. Mais l'aspiration sous anesthésie présente l'intérêt souvent cité, que l'on ne se rend compte de rien.

Clotilde a 60 ans. Elle a fait une IVG en 1978 : « J'avais une trentaine d'années. J'étais seule. Je me suis retrouvée enceinte à cause du stérilet qui s'était déplacé. Le père était une aventure. Je n'en ai parlé à personne. J'ai dit à ma mère que c'était une fausse

1. En 2006, il y a eu 1 500 « IVG en ville » sur les 200 000 pratiquées en France. Autorisées par la loi du 4 juillet 2001, elles sont remboursées à 70 % par la Sécurité sociale.

2. Elles représentent aujourd'hui un tiers des IVG, soit un peu plus du double qu'en 1990.

couche. Le mauvais souvenir est que ma chambre était à côté de celles de la maternité : j'entendais les bébés pleurer, et ça m'attristait. J'ai deux garçons aujourd'hui, mais j'y pense encore parfois. Je me demande quel âge il aurait. »

Mais encore aujourd'hui se pose la question des moyens humains et matériels mis en œuvre pour accueillir ces femmes, former le personnel et leurs qualités humaines. Nathalie : « Mon avortement s'est bien passé physiquement. J'ai avorté par des médicaments et je n'ai pas trop souffert. Mais je déplore les conditions d'accueil qui, selon moi, créent ou aggravent la souffrance psychologique inhérente à ce type d'intervention, le parcours du combattant pour avoir un rendez-vous. Je me souviens de la salle d'attente pleine à craquer de femmes de tous horizons qui attendaient pour la même chose que moi. Le sentiment de passer à la chaîne auprès d'un médecin qui ne traite que ce type de problème toute la journée. De petites chambres à plusieurs. Une infirmière, transformée en robot par son travail, vérifie que ce qu'on expulse dans le bassin est bien la poche embryonnaire. "C'est bon, jetez-le dans les toilettes", me dit-elle d'un ton froid. J'hésite. Je ne voulais pas d'enfant, mais je n'arrive pas à considérer cela comme un déchet, à mettre cela sur le même plan que mes selles. Spontanément, j'aurais envie de l'enterrer, pas comme un défunt, mais davantage comme un engrais, que cela donne naissance à une plante ou une fleur. Pour m'aider, j'aurais sans doute pu me dire que des toilettes, il irait dans la mer, former le limon, si j'en avais eu le temps et si celle qui n'aurait jamais dû être infirmière n'avait pas interrompu mes pensées avec brusquerie : “Allez, qu'est-ce que vous attendez ! Et tirez la chasse, pensez à vos voisines”. »

Maryse, qui a un vécu similaire, a pensé à cette scène pendant plus d'un an chaque fois qu'elle se rendait aux toilettes ou qu'elle avait ses règles.

Juliana a réagi en ayant une véritable phobie des toilettes pour laquelle elle vint me consulter. Chaque fois qu'elle devait s'y rendre, elle était submergée par des bouffées d'angoisse. Elle ne pouvait faire que dans la nature ou dans un pot de chambre. Et c'est son mari qui devait vider le pot de chambre dans les toilettes. Faire dans un pot de chambre était différent, dans l'imaginaire, que de faire dans les toilettes. Sans doute parce qu'enfant, quand elle dormait chez sa grand-mère, elle faisait dans un pot de chambre, les toilettes étant à l'extérieur de la maison. Redevenant enfant sur ce pot, elle ne risquait pas d'y perdre un embryon.

Lors de fausses couches spontanées à la maison, les toilettes semblent le seul endroit où l'évacuation est possible. Mais ne pourrait-on pas imaginer que, dans le cadre des IVG médicamenteuses à l'hôpital, ce ne soit pas à la femme elle-même de mettre les restes embryonnaires dans les toilettes, ni d'assister à cette évacuation ? Ne pourrait-on pas imaginer que la femme puisse, comme c'est parfois le cas, échanger quelques mots avec un membre du personnel sur ce qu'elle ressent à ce moment-là ?

CONDITIONS PSYCHOLOGIQUES DE DÉPART

Il n'y a pas que les conditions d'accueil et d'environnement qui influent sur le devenir psychologique de la femme. Les conditions psychologiques préalables dans lesquelles elle se trouve avant l'intervention jouent également un rôle majeur dans les éventuelles conséquences psychiques et affectives d'une IVG. La présence de difficultés psychologiques ou affectives est un facteur favorisant une demande d'IVG. Mais ces difficultés risquent de persister au-delà de l'intervention et, du coup, de passer pour des conséquences de cette interruption.

Grossesse à l'adolescence

Une grossesse non désirée à l'adolescence est parfois le fruit d'une forme de comportement à risques. Si beaucoup d'adolescentes sont naïves et méconnaissent le fonctionnement de leur corps, d'autres, bien qu'informées des méthodes contraceptives, oublient, et ont des rapports sexuels non protégés conduisant à des grossesses au destin abortif. Trois adolescentes enceintes sur cinq avortent. Statistiquement, les mères adolescentes ont eu elles-mêmes, plus souvent que les autres, une mère enceinte à l'adolescence. Parmi les motivations inconscientes, il y a le désir, par une grossesse précoce, de vérifier l'intégrité de ce nouveau corps de femme au destin procréatif. Ailleurs, le désir précoce d'enfant répond à des carences affectives ou à la nécessité de s'émanciper d'une mère fusionnelle en lui « faisant » un enfant comme paiement de sa dette de vie, vis-à-vis de celle qui lui a donné la vie et qui le lui fait bien sentir. Quand la grossesse est interrompue, le malaise révélé par tous ces questionnements se cristallise sur l'interruption proprement dite, et en apparaît alors faussement comme la conséquence.

IVG à répétition

Certaines femmes sont connues pour avoir des IVG répétées. Une enquête a montré que ces femmes utilisent autant la contraception que les autres, mais que les circonstances familiales sont plus difficiles. Certains médecins, dans une idéologie volontiers hostile à l'autorisation de l'IVG, mettent sur le compte du traumatisme du premier avortement ces comportements d'IVG itératives. La répétition est alors présentée comme une tentative d'exorcisme de la première IVG. La femme tenterait de le diluer au sein d'autres IVG, essayant ainsi de l'annihiler comme l'alcoolique boirait pour oublier qu'il boit. Affirmer cela c'est justement oublier le sens de la première IVG dans le contexte de ces IVG itératives. La répétition est surtout provoquée par l'échec de cette première IVG dans sa tentative de résolution d'un conflit intrapsychique. Ces comportements d'IVG itératives sont symptomatiques d'un état pathologique, qui n'est pas dû à la première interruption de grossesse, mais qui trouve ses origines antérieurement, parfois aux confins de la petite enfance. C'est l'histoire d'Édith qui subit six IVG successives jusqu'à ce qu'une prise en charge psychologique, motivée secondairement par un état dépressif, mette en lumière le lien entre ces conduites abortives répétées et les comportements incestueux de son beau-père sur sa sœur.

Du stress en amont

Avoir dans ses antécédents personnels des maux psychologiques favorise l'impact négatif d'un avortement, qu'il soit spontané, volontaire ou médicalement justifié. Après une interruption de grossesse, spontanée ou volontaire, le risque est alors grand de voir émerger avec acuité les perturbations de son état mental. Cela concerne, par exemple, les femmes psychotiques [1] ou celles qui ont des troubles graves de la personnalité. Si des réactions psychotiques, par exemple un état délirant, surviennent après une interruption de grossesse, c'est en règle générale parce qu'un état psychotique sous-jacent a été révélé par l'intervention. Une impor-

1. C'est-à-dire qui ont une perception mentale altérée de la réalité.

tante étude britannique[1] a observé pendant dix ans 2 000 femmes ayant eu une IVG, en les comparant à 3 000 femmes ayant conduit à terme une grossesse non planifiée. Aucune différence n'a été constatée entre les deux groupes par rapport à des psychoses ou d'autres maladies psychiatriques graves. Une étude[2] antérieure trouve 0,3 psychose pour mille interruptions de grossesse contre 1,7 psychose pour mille accouchements. Ce qui tendrait à montrer que chez les personnes psychotiques une interruption de grossesse aurait statistiquement un impact potentiellement moins négatif qu'une grossesse menée à son terme. L'étude du Dr Anne Gilchrist[3] compare, sur une durée de dix ans, l'état psychologique entre un groupe de femmes ayant choisi l'IVG à un autre groupe ayant mené leur grossesse à terme. Le constat est qu'il n'y a pas plus de conséquences psychologiques dans un groupe que dans l'autre, si l'on tient compte des variables d'âge, de niveaux sociaux, et de troubles psychiques antérieurs. D'autres études ont mis en évidence que les femmes ayant eu des antécédents de maltraitances physiques et sexuelles dans l'enfance, ou qui ont été victimes de violences conjugales, étaient plus représentées

1. A.-C. Gilchrist *et al.*, « Termination of pregnancy and psychiatric morbidity » in *British Journal of Psychiatry*, n° 167, 1995, p. 243-248.

2. C. Brewer, « Incidence of post-abortion psychosis : a prospective study », *British Medical Journal*, n° 1, 1977, p. 476-477.

3. A.-C. Gilchrist *et al.*, « Termination of pregnancy and psychiatric morbidity », art. cité.

au sein des populations qui présentaient un mal-être important, un état dépressif persistant et des idéations suicidaires dans les suites d'une IVG.

Des facteurs de stress supplémentaires aggravent le caractère potentiellement négatif d'une interruption de grossesse volontaire ou non. Par exemple, parmi ces facteurs : une situation préalable de mésentente conjugale, de chômage, d'isolement social ou d'agression sexuelle.

Nancy Russo [1], professeure d'université de psychologie en Arizona, a dirigé une vaste étude de 1979 à 1992, questionnant 5 300 femmes ayant subi ou non une IVG. Il en résulte que le facteur déterminant, pour le degré de bien-être ou de dépression après une IVG, est l'état de bien-être ou de dépression préexistant, qu'il y ait eu ou non interruption de grossesse. Ces états apparaissent également corrélés à la classe sociale de la femme : celles qui sont issues d'un niveau social défavorisé, qui ont un faible niveau d'éducation et la charge d'un nombre élevé d'enfants sont celles qui,

---

1. N.-F. Russo, A.-J. Dabul, « The relationship of abortion to wellbeing », in *Professional Psychology : Research and Practice*, n° 28, 1997, p. 23-31 ; N.-F. Russo *et al.*, « Violence in the lives of women having abortions », *Professional Psychology : Research and Practice*, n° 32, 2001, p. 142-150.
S. Schmiege, N.-F. Russo, « Depression and unwanted first pregnancy : longitudinal cohort study », BMJ, n° 331, 2005, p. 1303.
N.-F. Russo *et al.*, « Abortion, childbearing and women's wellbeing », *Professional Psychology : Research and Practice*, n° 23, 1992, p. 269-280.

statistiquement, bénéficient d'un moindre bien-être dans les suites d'une IVG.

Ces études concernent les IVG et non les avortements spontanés, ni les IMG. Mais on peut gager que les conséquences psychologiques de ces dernières sont également influencées par les conditions psychologiques et affectives préalables.

IMG

Un choix dans la douleur

Plus rares que les IVG et les fausses couches, les interruptions médicales de grossesse sont la troisième modalité de départ. Elles ne sont pas, loin s'en faut, les moins douloureuses. Il n'y a pas longtemps on les appelait ITG : interruptions thérapeutiques de grossesse. Or, il est question de mettre un terme à l'existence du fœtus. On a fini par se rendre compte du paradoxe à les considérer comme thérapeutiques. Aujourd'hui, les indications d'interruption médicale de grossesse sont de plus en plus fréquentes. Elles permettent d'éviter la naissance d'enfants malformés ou très malades. Le diagnostic prénatal a en effet beaucoup évolué grâce au progrès de l'imagerie anténatale, de la cytogénétique et de la biologie fœtale. On peut dépister toujours plus tôt et toujours davantage d'anomalies génétiques chez le fœtus. Dès la dix-huitième semaine, du sang peut être prélevé dans la veine de l'ombilic du fœtus, et permettre l'étude en deux jours des chromosomes. Cela pose évidemment des questions éthiques aux parents et aux professionnels, car si on détecte des indices de handicap à la naissance, on découvre aussi des particularités génétiques qui annoncent des risques de maladies mortelles, mais uniquement chez l'adulte futur. On décèle également des particularités dont on ignore l'incidence future.

Être enceinte ne signifie pas être mère. Pour Eva, il ne s'agissait pas d'interrompre une vie, mais plutôt d'abandonner une grossesse. Il n'y a pas eu chez elle de tristesse. Cependant, dans la majorité des situations, les IMG sont à l'origine de souffrances et de deuils. La culpabilité peut être amoindrie par le sens du devoir – obligation morale de ne pas imposer à ces enfants une vie difficile – allié au sentiment d'être incompétente en tant que mère d'un enfant handicapé. C'est la crainte d'une vie difficile pour son futur enfant qui décide les parents à une IMG. On blâme des parents qui ne toléreraient pas la moindre imperfection, mais il faut reconnaître que la pression morale est forte quand il s'agit de donner la vie à un enfant, et qu'on a en soi le devoir de rendre cette vie la meilleure possible. L'IMG est toujours un acte lourd, mais particulièrement quand il survient au-delà du cinquième mois.

Une décision collégiale

C'est la loi du 29 juillet 1994 qui encadre l'euthanasie fœtale. La décision impose l'accord de deux médecins, dont l'un doit être reconnu expert auprès d'une cour de justice, et l'autre expert en médecine fœtale. Leur responsabilité propre dans les indications posées est importante, car il n'existe pas de liste exhaustive des anomalies génétiques ou des malformations qui autorisent le fœticide.

À la naissance de sa fille, Maitena se souvient de l'interruption médicale de grossesse qu'elle a subie, presque jour pour jour, deux ans auparavant. Le fœtus avait sept mois ! Il y avait un retard de croissance et l'on a diagnostiqué la maladie du cri du chat. Le couple a pris la décision sans hésitation. Les quatre mois qui ont suivi, Maitena les a vécus dans une grande souffrance morale. Elle regrette aujourd'hui ne pas avoir consulté un psychologue. Elle a refusé de voir le fœtus après son extraction. Elle garde en mémoire le bébé qu'elle voyait à l'échographie. C'était un garçon. Elle a avalé des comprimés qui ont tué le fœtus. Elle se souvient qu'il fallait rencontrer un médecin expert. Elle n'en garde pas un bon souvenir. Alors qu'elle parlait de sa difficulté à faire ce geste, de sa souffrance, il l'aurait alors rabrouée en lui disant qu'il n'était pas normal qu'elle ne surmonte pas ses appréhensions, car pour le bébé « c'était une chance de ne pas naître ». Quand elle a été enceinte deux ans après, elle n'a pas craint que cela se reproduise : « Je savais qu'il était normal. Lors de ma grossesse précédente, je sentais que quelque chose était bizarre. J'avais mal au ventre et des saignements. J'ai été un peu déçue que ce soit une fille cette fois, car il n'y a que des filles dans la famille », dit-elle. « Le 5 mai, la veille de l'anniversaire de ma fille, je pense à lui. J'ai souvent les yeux en l'air ce jour-là, car pour moi c'est un ange désormais. »

La question de l'annonce de l'anomalie est évidemment problématique pour les parents qui reçoivent l'information, et pour les médecins dont les propos sont lourds de conséquences. Ces derniers ne doivent pas se contenter de révéler l'anomalie décelée, mais doivent accompagner toutes les étapes, de l'annonce jusqu'à l'IMG proprement dite. Un mauvais accompagnement est à la source de réactions psychologiques aggravées. Quand le médecin décèle une anomalie, par exemple, à l'échographie, il ne se contentera pas de communiquer autour de cela, il décrira l'ensemble du fœtus avant d'évoquer l'anomalie afin de ne pas réduire le fœtus à son altération. Il se gardera de la tentation d'évoquer trop promptement une IMG. Entre le diagnostic et l'interruption proprement dite, un certain délai est nécessaire pour permettre un travail psychique menant à l'acceptation de l'interruption, à distance du traumatisme de l'annonce. Les parents ont besoin de pouvoir emprunter leur cheminement personnel afin d'arriver éventuellement à cette alternative. Ils seront mis en relation avec les autres spécialistes, l'obstétricien, le pédiatre néonatal, mais aussi le médecin de famille. Il s'agit d'une décision et d'un accompagnement collégiaux. L'intervention d'un psychologue qualifié en ce domaine est souvent nécessaire, notamment en cas de réaction de détresse, de dissension dans le couple, de résurgence d'éléments douloureux du passé ou de situation confuse (par exemple, en cas de divergence d'avis médicaux).

IMG en cause

Au sujet du dépistage et du diagnostic des malformations fœtales, la France est à la pointe par rapport à ses voisins européens. Le dépistage concerne environ 90 % des 800 000 femmes enceintes chaque année en France. Trois échographies sont réalisées en moyenne par grossesse. Le plus couramment recherché sont les marqueurs d'une infection (toxoplasmose, rubéole) susceptible d'altérer le développement du fœtus, ainsi que le dépistage sanguin de la trisomie 21 ; 11 % des femmes enceintes sont soumises à une amniocentèse. Le dépistage prénatal rassure les femmes, et il permet de mettre en route un traitement *in utero* ou à la naissance, si nécessaire (5 % des cas). En cas d'anomalie grave décelée, un avortement est proposé et accepté dans 95 % des cas.

Cette politique de dépistage très avant-gardiste en France explique le faible taux de naissance d'enfants handicapés par rapport aux autres pays. Selon les auteurs d'un rapport de l'Inserm[1], il reste, hélas, des progrès à faire quant à l'annonce des anomalies graves, mais aussi l'information et l'accompagnement psychologique jugés tous deux trop restreints. Aujourd'hui, environ 6 000 femmes[2] ont recours à une IMG chaque année en France. Elles sont pratiquées dans des centres pluridisciplinaires de diagnostic prénatal réunissant – ce qui serait une spécificité française – des généticiens, des pédiatres néonatalogistes, des radiologues, des obstétriciens. Cette pluridisciplinarité est essentielle : elle permet de prévenir les dérives eugénistes, de faire du cas par cas. Il n'y a pas de solution univoque définie à l'avance pour une même malformation. Les anomalies des chromosomes toucheraient 10 à 40 % des embryons conçus. Mais du fait de la sélection naturelle (fausses couches), elles ne concerneraient qu'un nouveau-né sur 500. Aujourd'hui en France, 4 % des naissances vivantes présentent une anomalie[3]. Deux fois sur cinq, c'est le diagnostic de malformations fœtales qui est posé. Dans un tiers des cas, celui d'anomalies chromosomiques dont, pour la moitié d'entre elles, la trisomie 21. La France serait un des pays d'Europe où la proportion d'enfants porteurs

1. Marc Dommergues, Ségolène Aymé, Paul Janiaud, Valérie Seror, *Diagnostique prénatal, pratiques et enjeux*, Paris, Inserm, coll. « Santé publique », 2003.
2. Selon l'étude de l'Agence de la biomédecine.
3. Anomalie chromosomique, morphologique plus ou moins invalidante, ou maladie génétique (par exemple, mucoviscidose).

de cette anomalie serait la plus faible. Viennent ensuite les anomalies génétiques[1], et enfin les infections. Cependant, dans près de 4 % des cas, l'Agence de biomédecine n'a pas retrouvé l'indication précise du motif de l'IMG[2].

---

1. Responsables de myopathie, de mucoviscidose, de thalassémie, de drépanocytose ou de sclérose latérale amyotrophique.
2. *Le Monde* du 16 novembre 2006.

CHAPITRE II

La femme défaite

Les diverses causes de mort possibles pour les fœtus dorénavant établies, intéressons-nous directement à la portée de ces disparitions sur la femme. Réagir par de la souffrance à une perte est le propre de tout être humain. Mais le cas de la femme enceinte est particulier. D'une part, elle établit une relation singulière avec son fœtus, et la spécificité de cette relation explique des réactions singulières en cas de deuil. En effet, les remaniements psychologiques majeurs qui se produisent en elle amplifient l'impact de cette perte au tréfonds de sa personnalité et dans sa propre histoire.

EMBRYON DE CONVERSATION

Les femmes enceintes n'ont pas attendu l'invention de l'échographie et des autres moyens d'observation intra-utérin pour établir une forme de relation avec l'embryon ou le fœtus qui les habite. Santa : « Pour le calmer, je caresse mon ventre ou je lui chante une berceuse. » À un degré moindre, le futur père cherche aussi à communiquer avec le fœtus, ne serait-ce qu'en lui parlant de sa voix grave [1] ou en posant la paume de ses mains sur le ventre de la future mère.

Pour qu'il y ait communication, il faut un récepteur et un émetteur, ainsi qu'un centre de traitement de l'information. Il est donc question des capacités sensorielles propres de l'embryon, puis du fœtus. Il est également question des capacités de la future mère à percevoir le futur enfant qu'elle héberge, c'est-à-dire de ses perceptions endosomatiques [2]. On peut aussi parler de perceptions intéroceptives ; c'est-à-dire la sensibilité que chacun de nous a de ses organes profonds ; surtout quand ils nous font souffrir. Les centres de traitement des informations échangées sont bien sûr les centres nerveux. Ceux du fœtus sont en développement.

1. Les fœtus percevraient bien mieux les voix graves que les voix aiguës.
2. Des perceptions à l'intérieur de son corps.

Le fœtus, en voie de communication

À huit semaines de gestation, quand l'embryon devient fœtus, apparaît une sensorialité de la peau autour de la bouche, et les cellules de l'olfaction se différencient. À trois mois, ce sont les papilles du goût qui sont matures, à six mois, c'est au tour des structures auditives. Des études montrent que les nouveau-nés qui ont entendu leur mère chanter une chanson particulière durant la grossesse y sont plus réactifs une fois nés. Concernant la sensibilité des mouvements et du toucher, dès trois mois et demi, le fœtus perçoit les déplacements de son hôtesse sur la partie dorsale de son corps (dos, fesses, nuque). Cependant, la maturité morphologique, la mise en place des structures, ne signifient pas toujours qu'il y a une maturité fonctionnelle. Ainsi, les mouvements de l'œil débutent au quatrième mois, la maturité visuelle est acquise à sept mois, mais les organes ne sont pas fonctionnels, car ils n'ont pas été activés par la lumière, le fœtus vivant dans le noir complet.

Le dialogue réel et imaginaire avec la future mère

Après plusieurs mois de vie fœtale, ce sera au tour de la femme de ressentir des contractions utérines ou les mouvements du futur bébé et ses fameux coups de pied. Les récepteurs maternels sont actifs en permanence, y compris en période de sommeil. En effet, stimuler une personne endormie peut avoir pour effet d'éveiller ses sens. Mais on n'est pas également réceptif à tout moment. Par exemple, une femme investie dans des activités professionnelles qui la passionnent sera moins réceptrice à la vie qui est en elle à ce moment-là. Cependant, avant ces échanges physiques, lors des toutes premières semaines de gestation, la femme reçoit des informations relatives à une présence nouvelle en elle : l'arrêt des règles évidemment, les résultats des tests de grossesse, et les premières manifestations dues aux modifications hormonales ou subjectives (nausées, tensions mammaires, prise de poids).

Le centre de traitement de ces informations chez la femme, c'est son cerveau. Il y a la sphère cognitive située dans le cortex, qui est la prise de conscience raisonnée de ce qui se produit en elle. S'ajoute la dimension imaginaire des représentations : c'est tout ce que la future mère imagine sur ce qui l'habite et les liens qui l'unissent à l'enfant imaginaire qu'elle se représentait petite fille. La communication imaginaire emprunte aussi la voix des rêves. Si l'on est très ignorant sur les rêves du fœtus, on sait en revanche que la femme rêve de lui. Ces représentations sont elles-mêmes en interaction avec d'autres émotions et représentations, chargées de sens et de symboles personnels, qui ne sont pas spécifiquement en rapport avec le futur nouveau-né.

Cette dimension imaginaire rend compte des « folies » de grossesse. Ainsi, dans les cas de « grossesses nerveuses », une interaction imaginaire se produit avec un fœtus qui n'existe pas. Des modifications de poids, un gonflement abdominal ou mammaire s'observent alors, comme dans une grossesse normale. À l'inverse, chez des femmes ayant des troubles graves de la personnalité, il existe des dénis de grossesse. La femme ne se considère pas enceinte et met sur le compte de dérangements intestinaux d'éventuelles perceptions endosomatiques.

En plus des représentations imaginaires, la dimension symbolique est également importante, liée aux valeurs, aux croyances, aux mythes personnels et familiaux. Car toute procréation humaine s'inscrit dans une sphère culturelle particulière : ce qui fait qu'une grossesse n'est pas un simple acte reproducteur, mais un acte qui a un sens propre à chaque individu au sein de son groupe. On verra que les dimensions symboliques et imaginaires occupent chez la femme, dans sa façon de se représenter ses interactions avec son fœtus, une place qui n'a pas à envier celle qu'occupe le réel des perceptions.

Les informations transmises à partir des récepteurs vont donc, chez la femme enceinte, être filtrées et modulées à partir de sa culture, ses croyances, son histoire familiale, ses fantasmes, son humeur, ses souvenirs, son état physique et de multiples facteurs personnels. Différents centres neuronaux du cerveau correspondant aux systèmes moteurs, sensoriels, émotionnels et cognitifs sont en interconnexion ; des milliards de neurones en réseau sont impliqués. La circulation d'informations s'effectue à travers des milliards d'allers-retours entre le système limbique, siège des émotions, et le néocortex, la partie supérieure du cerveau, siège du raisonnement.

Partenaire de jouissance

Une femme enceinte voit son humeur et sa perception du monde comme d'elle-même modifiées. Certaines évoquent un véritable état de grâce, de bien-être supérieur. Ce type de plaisir intense passe, dans le cerveau, par une activation de certaines zones et une désactivation d'autres zones. On sait en effet que la sensation de plaisir est produite par la libération de la dopamine, un neuromédiateur présent dans le cerveau. En revanche, la souffrance mentale est en lien avec une diminution d'activités des systèmes dopaminergiques dans le cerveau. La dopamine agit non seulement sur la perception du plaisir mental, mais aussi sur la motricité et la cognition. Le système dopaminergique met en jeu différentes zones du cerveau qui ont chacune des rôles spécifiques. Ainsi, sont impliqués l'hippocampe et l'amygdale qui gèrent la mémoire, notamment la mémoire des émotions. Cette mémoire permet de ressentir du bien-être par les souvenirs et de créer des correspondances entre des plaisirs passés et des situations agréables présentes.

Des femmes enceintes rapportent des orgasmes nocturnes qui seraient en lien avec les contractions utérines. Cela induit qu'il y a sécrétions d'endorphine, hormone provoquant également un état de sérénité et de bien-être. Ces orgasmes nocturnes donnent corps aux théories psychanalytiques qui attribuent un rôle phallique au fœtus. Certaines femmes enceintes éprouveraient un sentiment de complétude, ne sentiraient plus aucun manque, en particulier celui de leur partenaire. En cas de perte, c'est un véritable état de manque qui se créerait.

De l'idée d'un être végétatif, sans psychisme ni âme, on est passé à celle d'une personne à part entière, active, qui serait douée de sensibilité, d'intelligence et de mémoire sensorielle. La perte d'un enfant à naître vient donc interrompre brutalement un début de relation, et dans une histoire d'amour, le début est souvent le plus inoubliable. Sur un plan neurobiologique, la sécrétion des hormones du plaisir se réduit et n'est pas relayée par d'autres qui accompagnent l'arrivée d'un enfant [1]. Il y a donc une traduction neurobiologique au mal-être qui suit la perte d'un enfant à naître.

Cette relation entre la femme enceinte et son fœtus est aussi rendue singulière du fait de l'importance des remaniements psychiques dus à la grossesse qui font d'elle une femme, psychiquement, sans barrières internes.

1. Notamment la sécrétion d'ocytocine par l'hypophyse de la mère. Cette hormone crée du bien-être et favorise le lien mère-enfant. Sa sécrétion est déclenchée, par exemple, à l'occasion des pleurs de l'enfant.

La femme enceinte n'est pas une femme comme les autres

Physiquement, on s'aperçoit aisément des changements qui touchent la femme enceinte. Mais on sous-estime, chez elle, l'importance et la précocité des métamorphoses psychiques. Bien sûr, on parle des envies de la femme enceinte, mais ce ne sont que la pointe émergée de l'iceberg ou, plutôt, du volcan sous-marin. C'est d'une véritable révolution intérieure dont il est question.

Une transparence psychique

Monique Bydlowski est l'une des psychanalystes qui a sans doute le plus étudié les modifications psychiques chez la femme enceinte[1]. Elle a étudié ce qu'elle nomme joliment leur « transparence psychique ». Tout se passe comme si, chez elles, on retrouvait cet accès facile à l'inconscient que les pédopsychiatres connaissent bien avec les enfants. L'inconscient des femmes enceintes remonte à la surface comme la lave du volcan cité plus haut. Il est à fleur de peau. Lors de

1. M. Bydlowski et C.-H. Camus, « Recherches psychanalytiques dans une maternité hospitalière », in *Médecine psychosomatique*, n° 14, p. 19-30, 1988.
M. Bydlowski, « La transparence psychique de la grossesse », *Études freudiennes*, n° 32, p. 2-9, 1991.
M. Bydlowski, *Je rêve un enfant – L'expérience de la maternité*, Paris, Odile Jacob, 2000.

la grossesse. Les défenses que l'on met en place tout au long du développement (et qui rendent la prise en charge des adultes en psychanalyse plus longue que celles des enfants) s'amenuisent. L'opacité qui régnait sur les souvenirs, les fantasmes, les désirs et les conflits inconscients se dilue. C'est une véritable crise psychologique qui s'opère dans la femme enceinte, et qui n'est pas sans rappeler la crise d'adolescence. Cette révolution intérieure explique que, alors que la grossesse se passe sans encombre, une femme puisse parfois éprouver un mal-être intérieur, dû en fait à des éprouvés du passé qui resurgissent. Ne comprenant pas ce malaise, elle peut s'en sentir coupable, et l'interpréter par erreur comme une mauvaise acceptation personnelle de sa grossesse. Durant sa grossesse, Marina se sentait triste sans savoir pourquoi. Quand elle a fait une fausse couche, elle en a ressenti de la culpabilité, imaginant que son bébé avait perçu cette tristesse et que cela avait provoqué son départ.

Un étranger vient faire son nid en soi-même

Dans un autre registre, il y a les changements psychiques qui sont le fruit de la nécessité pour la femme enceinte d'accepter ce corps étranger en elle. Sur le plan immunologique, un processus particulier permet à ce corps étranger qu'est le fœtus d'être toléré par le corps de la femme et de ne pas être rejeté, à l'instar de certaines greffes. Le processus de tolérance psychique est beaucoup moins bien connu. Il existe plus de femmes qu'on ne l'imagine qui sont angoissées par la grossesse, essentiellement à cause de cette notion de corps étranger en elles-mêmes, comme si elles pressentaient une intolérance psychique. Le succès de films d'horreur, comme *Alien* et ses succédanés, se nourrit de ces angoisses propres à l'humain d'être la proie d'un corps étranger. La grossesse chez des femmes ayant des troubles graves de la personnalité peut induire des décompensations sous forme de délire de possession. Mentalement, un processus de nidification psychique [1] du fœtus chez la mère se met en place. Elle va l'intégrer comme une partie d'elle-même. La frontière, entre le fœtus et elle, se lève, et une fusion mentale s'opère. L'image inconsciente qu'elle a d'elle-même se modifie pour envelopper celle du fœtus comme une nouvelle composante de son corps propre. L'image inconsciente du corps se modifie rapidement et intègre ce nouvel organisme comme un nouvel organe. Femme et fœtus forment alors une nouvelle unité. C'est un processus équivalent qui s'enclenche chez l'adolescent quand il doit intégrer les nouveaux éléments corporels apparus en quelques mois : nouveaux muscles, nouvelle taille, pilosité des organes génitaux, caractères sexuels secondaires... La fameuse « transparence psychique » s'observe chez l'ado également. Car il faut bien que les barrières psychiques s'assouplissent pour

1. Terme du psychologue S. Missonnier.

permettre ces réaménagements identitaires. C'est pourquoi, après l'accouchement, il y a cet accès dépressif transitoire qui suit une majorité de grossesses : le fameux *post-partum blues*. Il est dû, entre autres, à la perte soudaine de cette néo-unité et au « manque à être » créé par cette séparation. C'est ce même « manque à être » qui pousse la mère à prendre soin de son nouveau-né en corps à corps avec lui.

La fausse couche va donc porter atteinte à une personne psychologiquement vulnérable, puisque ses mécanismes de défense sont abaissés. Cette perte est traumatique parce qu'elle touche une femme psychiquement perméable. Si le souvenir douloureux de la fausse couche perdure, c'est que celle-ci est arrivée alors que l'inconscient était à fleur de peau, et que le traumatisme s'est enraciné aisément en profondeur, jusque dans les souvenirs archaïques de la petite enfance. Le traumatisme de la fausse couche possède alors la puissance néfaste des traumatismes infantiles.

Quand la grossesse est l'occasion de résurgences de problématiques anciennes, datant parfois de la petite enfance, le déroulé de la grossesse puis l'arrivée de l'enfant sont l'occasion de les refouler ; mais aussi de les réguler, voire de les régler. Hélas, la perte fœtale va les laisser en suspens, voire les rigidifier en les fossilisant. Cela participe à la violence des réaménagements psychologiques qui peuvent faire suite à une perte fœtale.

La transmutation de la femme enceinte

Monique Bydlowski considère que l'ensemble de remaniements psychiques qui ont lieu au cours de la grossesse est en fait une préparation au rôle futur qui attend la femme. C'est une crise nécessaire. La femme enceinte quitte son statut de fille pour se préparer à celui de mère. À l'occasion de ces remaniements, la femme enceinte va s'identifier à son futur nouveau-né, afin de mieux pouvoir répondre à ses besoins le moment venu. Cela expliquerait des reviviscences de souvenirs d'enfance plus ou moins nostalgiques, ou des retours à des centres d'intérêt délaissés. Il y a des rêves et des pensées nouvelles, un sentiment de toute-puissance parfois, qui témoignent d'une levée de refoulement. C'est-à-dire que des pensées, des souvenirs traumatiques, des désirs inconscients, des fantasmes, des pulsions, des angoisses que la femme avait, à la fin de l'adolescence, rangés à la cave de son psychisme, réapparaissent. Enfouis jusqu'alors, maintenus au secret par le refoulement, ils peuvent dorénavant, à l'occasion d'entretiens avec le psychiatre ou le psychologue, se dire. Ils témoignent des réaménagements qui s'opèrent dans le psychisme de la femme enceinte qui devient quelqu'un d'autre. Il y a chez elle un processus d'anamorphose : elle a un regard déplacé sur elle-même.

La grossesse génère aussi des besoins de sommeil accrus, et des modifications de l'appétit pouvant entraîner des prises de poids importantes. Tout se passe comme s'il y avait chez la femme une régression au stade de la petite enfance où les conduites instinctuelles comme le manger et le dormir occupent le devant de la scène. Les désirs d'absorption du petit enfant sont qualifiés de pulsions orales. Elles sont volontiers réactualisées chez la femme enceinte et se traduisent, par exemple, par des envies orales de prises d'alcool, de tabac, de cannabis ou des envies de communiquer oralement, d'« avaler » des paroles, de la musique, des livres...

Des préoccupations concernant l'ordre et la propreté s'intensifient ou, à l'inverse, des attitudes de relâchement, de négligence chez une femme jusqu'alors soignée, voire maniaque, surprennent. Il s'agit là aussi de régressions au stade de l'acquisition de la propreté (environ deux ans). En cas de fausse couche, ces retours pulsionnels peuvent nourrir une culpabilité chez la femme qui établit des liens plus ou moins conscients entre ces « relâchements » et la perte fœtale vécue comme la conséquence d'un manque de maîtrise. D'autre part, des traumatismes ou des douleurs passés peuvent resurgir après une fausse couche et donner lieu à des états dépressifs ou à des états anxieux (crise de larmes sans raison apparente). Nous verrons un peu plus loin qu'une fausse couche peut provoquer un véritable séisme psychisme dû, par exemple, à la réminiscence d'une perte fœtale antérieure.

M. Bydlowski a constaté, lors d'entretiens non dirigés, que les femmes enceintes expriment bien moins de préoccupations relatives à l'enfant à venir qu'on ne l'imagine. Il est beaucoup question d'elles-mêmes et des changements psychiques, affectifs qui s'opèrent en elles. Sauf quand il y a eu des antécédents de fausse couche ou de mort périnatale, comme le note J. Roy[1]. Dans ces situations, les paroles spontanées de la femme enceinte en entretien expriment alors de l'inquiétude pour l'enfant à naître. En fait, en l'absence de ces antécédents malheureux, la place qu'occupe l'enfant dans l'imaginaire de la mère est secrète. Elle peut n'apparaître qu'au travers de tests psychologiques[2].

Toujours selon M. Bydlowski, les retours de vécus affectifs, les remontées des émotions infantiles apparaissent très précocement, dès que la grossesse est connue. Cela se stabilise vers le cinquième ou sixième mois, comme si la mère avait procédé à l'adoption de l'enfant qu'elle avait été. L'enfant que la femme enceinte fantasme serait en fait élaboré à partir des remontées de vécus de sa propre enfance. D'une certaine manière, on peut dire qu'elle fait un véritable transfert sur ce fœtus. Si la fausse couche survient, elle interrompt le psychisme maternel en pleine élaboration. C'est aussi l'enfant que la femme enceinte était

1. J. Roy, F. Molinat, J.-L. Viala, F. Laffargue, J.-P. Visier, « Grossesses survenant après une mort périnatale. Élaboration d'un indice psychologue », *Journal de gynécologie obstétrique et biologie de la reproduction*, n° 17, 1988, p. 75-82.

2. Des tests psychologiques projectifs, type TAT, livrent des représentations de l'enfant fantasmé par la mère. Cf. S. Stoléru, M. Morales, « De l'enfant fantasmatique de la grossesse à l'interaction mère-nourrisson », *Psychiatrie de l'enfant*, 28, 2, p. 441-484, 1985.

qui disparaît alors. En fin de grossesse, le bien-être de la femme enceinte trouve sa source dans la béatitude du nouveau-né comblé qu'elle fut. Enceinte, elle redevient ce bébé au nirvana. C'est un état de régression et de narcissisme intense vécu dans la plénitude, la joie et un sentiment de toute-puissance. L'enfant est un prolongement d'elle-même. C'est ce nirvana qu'elle perd du fait de l'avortement spontané. À la place de cette béatitude, ou alternant avec elle, on trouve de l'angoisse chez la femme enceinte, angoisse inconsciente de la fin annoncée de cet état de bien-être.

Le suivi psychothérapique des femmes victimes d'un deuil périnatal doit leur permettre d'évoquer les éventuels sentiments ambivalents qu'elles ont pu éprouver (difficiles à retrouver, car vite refoulés) pour les disculper. Il est utile d'essayer de se rappeler les pensées, les angoisses, les fantasmes, les souvenirs qui sont remontés à la surface du conscient durant la grossesse. Car à partir d'eux, il est possible de retrouver l'enfant que la mère a été et qui a failli se reconstituer avant d'être interrompu par la fausse couche. Cela afin de décloisonner aussi le fantôme de l'enfant que fut la mère de celui du fœtus mis au secret.

L'ENFANT MIS AU SECRET

Cette position qu'ont les femmes enceintes de parler si peu en entretien spontané du fœtus mais davantage d'elles-mêmes correspond à une mise au secret de l'enfant. Or, généralement, une mise au secret témoigne, sur un plan psychologique, d'une forme d'érotisation. Ce que l'on cache à autrui est souvent ce que l'on investit le plus en termes d'énergie libidinale (on pourrait, toutes proportions gardées, prendre l'exemple des radins qui cachent leur argent et évitent d'en parler). Le fœtus est investi comme partie prenante de la mère. Il ne devient autonome dans le discours spontané en entretien que s'il est en danger réel ou imaginaire (en cas de fausse couche antérieure, par exemple), ou s'il meurt. Encore faut-il qu'il soit reconnu comme individu mort. C'est parce qu'elle investit ce fœtus de son énergie libidinale que la femme lâche prise sur le reste (souvenirs traumatiques, fantasmes) et qu'elle accepte d'en parler.

Quand l'enfant va naître, il y a un désinvestissement libidinal qui va être redistribué sur l'enfant réel et sur tous les autres ports d'accueil possibles de la femme (vie conjugale, travail, vie sociale). Il arrive malheureusement que la mère ne renonce pas à continuer d'investir son enfant une fois né comme une partie d'elle-même, ce qui nuira au développement de celui-ci, à celui des autres enfants, et à la vie de couple.

En cas de fausse couche tardive ou précoce, si la sortie réelle est niée, le fœtus fantasmé est maintenu au secret, et son fantôme continue d'être investi secrètement de cette énergie. Il reste enfermé en elle, mis au secret comme on disait jadis des personnes de haut rang que l'on emprisonnait et dont on cachait l'identité. Alors, la mère va être tentée de s'emmurer avec lui. Les morts sont des invisibles, non des absents, disait Hugo.

Partie de soi

Car la perte d'un fœtus n'est pas, ou n'est pas seulement, celle d'un enfant imaginaire ou d'un enfant à naître. C'est aussi une perte de soi. La femme perd une partie de soi, et d'un soi qui, sans nom, semble donc indicible. Le fœtus est partie prenante du corps de la mère, uni à elle dans le sang et la chair. Bien sûr, il est issu de la fusion d'une cellule maternelle et d'une cellule paternelle. Mais dans l'imaginaire de la future mère, la « graine » paternelle peut être vite noyée dans le sang dont elle nourrit le fœtus. La fillette de quatre ans qui s'imagine maman en glissant un coussin sous son tee-shirt imagine volontiers l'avoir eu toute seule. Bien qu'informée des mystères de la procréation, la femme qu'elle devient peut continuer de fantasmer cela une fois qu'elle est réellement enceinte. Selon que l'on se pense porteuse du fruit d'un homme, ou que l'on imagine se reproduire au sens de se dédoubler, il est probable que le vécu d'une grossesse et d'une éventuelle fausse couche diffère. Dans le premier cas, on perd ce qu'on nous a confié ; on peut donc se croire indigne de confiance ou d'amour. On se sent coupable. Dans l'autre, on se perd soi-même ; on peut donc se croire amputée. Pour éviter d'avoir à faire le deuil douloureux d'une partie de soi, l'alternative pour le psychisme de la femme sera de faire de l'embryon ou du fœtus un être à part entière. Mais c'est alors faire le deuil d'un enfant dont il s'agit, ce qui apparaît insoutenable. Certaines femmes ont de solides mécanismes de défense psychologiques : dans leur imaginaire, elles font de l'embryon une partie d'elle-même. Mais elles s'arrangent pour en faire une partie d'elles-mêmes qui repousse, à l'image de la muqueuse utérine, des ongles, des cheveux... C'est le cas d'Églantine : « Quand j'ai eu ma fausse couche, j'ai été déçue bien sûr. Mais j'ai pensé à ma grand-mère qui m'avait confié son vécu en la matière : "C'est comme avec les tulipes, m'avait-elle dit, quand les oignons ne prennent pas, je replante." En effet, j'ai eu ensuite une petite fille magnifique. »

Le fait de considérer le fœtus comme une partie de soi, à l'instar de nombreuses femmes, rend l'IVG éthiquement acceptable. Pour elles, le fœtus n'est pas un corps étranger autonome, c'est une partie d'elles qui, secondairement, deviendra indépendante après l'accouchement. Dans les situations d'IVG qui ne provoquent pas de douleur, l'embryon peut donc être investi comme une partie de soi, mais comme une partie que l'on refuse. Dans l'imaginaire de la femme, de façon inconsciente, il peut être perçu comme un résidu ou, à l'inverse, comme un corps étranger, mais qui serait non investi. Parfois, c'est au père qu'il est attribué dans l'imaginaire de la femme qui le refuse, comme une semence ou une spore qu'il aurait placées en elle, presque à son corps défendant.

Écoutons Milva : « Quand j'ai décidé cette IVG, ce n'est pas un enfant que je refusai. C'était une partie de moi. Une partie de moi que cet homme que je n'aimais pas, que je n'aimais plus, avait fait pousser à l'intérieur de moi. Je ne dirais pas une tumeur, car je n'ai jamais vu ça comme une maladie, mais plutôt comme un membre en plus, un membre surnuméraire. J'ai donc vécu cette IVG comme une intervention chirurgicale ; avec soulagement. J'ai eu ensuite trois enfants. Ils ont su que j'avais fait une IVG. L'un d'eux m'a alors questionné : “Si ça avait été moi, tu aurais avorté ?” Je lui ai répondu : “Quand tu étais dans mon ventre, tu n'étais pas toi, tu étais encore moi.” »

Pressentiment

C'est sans doute parce qu'il est considéré par le psychisme maternel comme une partie de soi que le fœtus est parfois perçu par la femme avant qu'il ne bouge. Comme si un changement interne se produisait en elle. Julienne : « J'ai senti que j'étais enceinte au bout d'une dizaine de jours. Je me suis réveillée un matin avec cette certitude. Je ne me souviens pourtant pas l'avoir rêvé, mais c'était peut-être le cas. Nous essayions depuis deux ans avec mon mari sans succès, mais cette fois j'ai su que c'était la bonne. Et mon intuition était juste. Je suis maman aujourd'hui d'une petite fille de cinq ans. » Toutes celles qui ont ce ressenti ne vont pas en parler, surtout si elles essaient depuis longtemps d'être enceintes, ne serait-ce que par superstition.

Certaines m'ont dit avoir pressenti la FC à venir, soit consciemment, soit dans leurs rêves. Le pressentiment concerne également celles qui ont eu recours à une IMG. Elles disent avoir senti qu'il y avait quelque chose d'anormal. Katia : « J'ai senti que mon enfant n'était pas normal. Je n'avais pourtant aucun signe inhabituel, à peine quelques nausées. C'était surtout de l'ordre de l'intuition. Je m'étais confiée à ma mère qui a voulu me rassurer en me disant que j'étais de nature anxieuse. Mais j'avais déjà été enceinte à deux reprises et je n'avais pas éprouvé un tel pressentiment. La suite, hélas, m'a donné raison quand on décela un spina-bifida [1]. »

On pourrait imaginer, pour expliquer ces phénomènes de prémonition, que le fœtus transmet des informations au cerveau de la mère en libérant dans le sang des molécules particulières reflétant, par exemple, des anomalies embryonnaires. Mais ce mauvais pressentiment existe aussi chez des femmes dont l'issue de la grossesse est heureuse. Et pour la plupart d'entre elles, il n'y a alors guère de raison de se remémorer ce

1. Malformation de la colonne vertébrale et de la moelle épinière.

type d'intuition ou de rêves. Elles les mettent *a posteriori* sur le compte de l'anxiété. Ce pressentiment est parfois une tentative d'envisager le pire pour se donner l'illusion qu'il ne nous surprend pas. C'est une reconstruction de l'esprit secondaire à un événement dramatique afin de se persuader qu'on l'avait prévu.

Échec à la mère

Pressentie ou non, une fausse couche ou une interruption médicale de grossesse renvoie à l'échec du projet de maternité. À ce titre, le fait d'être déjà mère limite évidemment ce sentiment d'incapacité à le devenir. Le vécu est aussi différent chez une femme qui ne parvient pas à être enceinte. Car, dans ce cas, l'échec est possiblement porté par les deux membres du couple. En effet, ce peut être du fait de l'homme que la fécondation ne prend pas. Tandis qu'une FC est ressentie par la femme comme un échec personnel. Quand il y a échec à la maternité, c'est un échec qui engage la femme au plus profond de son histoire individuelle. Car, dès les premières années de vie, la future femme commence à se prendre pour une mère. Sa propre mère est pour la fillette son premier objet d'amour et son premier modèle. Après avoir compris qu'elle était fille, elle va peu à peu se sentir fille et donner un corps à ce savoir. Elle est tout à la joie de s'inscrire dans une filiation qui l'unit à sa mère, à sa tante, à sa grand-mère. Elle prend modèle sur sa mère comme « dame », c'est-à-dire dans son rôle social, et comme la femme de papa. Mais pour imiter complètement maman, il faut être soi-même maman. D'ailleurs, son père aime une maman. Donc il faut être mère pour être aimée d'un homme qui compte. Elle n'a jamais connu son père aimer sa mère avant que celle-ci ait un enfant. La poupée ou le baigneur joue le rôle du bébé imaginaire qu'elle désire avoir plus ou moins consciemment de papa. Pour la majorité des femmes, devenir totalement femme implique de devenir mère. La maternité est intrinsèque à la définition de leur féminité.

Annie s'est retrouvée mère du petit Quentin après deux fausses couches : « Après que je suis devenue mère, j'ai pris confiance en moi. Auparavant, je n'avais plus d'allant au travail. Je me sens aujourd'hui plus épanouie, plus belle, plus femme quoi ! »

C'est moins vrai pour les hommes qui ne sentent pas leur virilité remise en question par l'absence d'enfant. C'est davantage l'absence de responsabilité qui les fragilise, ce peut être une responsabilité paternelle, mais pas obligatoirement ; l'homme se sent homme grâce à ses responsabilités professionnelles ou associatives, par exemple. Alors qu'un échec à la maternité peut porter atteinte à la constitution même de l'identité de la femme ; ce qui explique les réactions d'anxiété et de dépression que peut induire une fausse couche.

Mais ce ressenti d'échec existe aussi chez certaines femmes qui avortent volontairement. Car échouer à devenir mère ce n'est pas uniquement ne pas pouvoir garder physiquement un enfant, c'est aussi ne pas être dans un contexte qui permette de l'accueillir, ne serait-ce que parce que son compagnon le refuse. Quel que soit le contexte, cet échec ou cette promesse non tenue sont d'abord ceux de la confiance.

Promesse non tenue

L'échec à être une mère est une des modalités de la perte de confiance en soi. La confiance, c'est la racine de l'amour : en l'autre comme en soi. Confiance en soi, en sa capacité à grandir pour devenir mère, en sa capacité à « faire » un enfant viable. Mais aussi en sa capacité à aimer suffisamment l'autre. À tenir la promesse de son amour. Leila : « Mon amour pour cet homme a-t-il été suffisant pour donner corps à celui qu'il me porte ? Ou bien l'était-il trop, suffisant, comme on le dit d'une personne vaniteuse et vaine ? »

Confiance en l'autre, en son amour. Marine : « Après ma fausse couche, j'en ai secrètement voulu à mon mari de ne pas s'être montré assez consolateur. Il n'a pas été très présent auprès de moi. Je me suis alors demandé s'il m'aimait suffisamment, et si ce n'est pas à cause de cela que le bébé avait ainsi lâché prise. »

Confiance en son propre amour maternel. Victoire écrit dans son journal intime : « Cet enfant pensait-il que je ne le désirerais pas assez pour s'en être allé chercher ailleurs de quoi vivre ? C'est peut-être vrai. Mais, pour ma décharge, je ne le connaissais pas vraiment. Alors, comment aimer totalement une promesse ? »

Confiance en l'amour de l'enfant à venir pour soi. Adélaïde : « S'il est parti c'est qu'il ne tenait pas assez à moi. Il ne devait pas me trouver assez bonne mère pour lui. »

La perte de confiance en soi ou en l'autre explique la baisse de l'estime de soi provisoire ou plus durable que l'on peut observer chez une femme ayant vu sa grossesse s'interrompre prématurément. Dans les états dépressifs qui peuvent apparaître secondairement, il y a volontiers, au côté du sentiment de culpabilité, un sentiment d'indignité.

Abandonnée

Ces pertes de confiance sont intrinsèquement liées au vécu d'abandon. Le sentiment d'avoir été délaissées est fréquemment cité par celles qui ont mal vécu leur IVG, mais aussi parfois en cas d'IMG. Il est question de l'abandon par leur compagnon quand il était à l'origine de la décision, ou de l'abandon par l'entourage qui n'a pas été suffisamment présent. D'après les témoignages que j'ai pu recueillir, les femmes se sentent souvent seules dans ces circonstances. L'entourage ne se révèle à leurs yeux pas suffisamment présent, compréhensif ni soutenant. Sans doute que la faible reconnaissance par l'entourage de ce type de souffrance favorise l'installation du déni par la femme. Il est difficile de faire face à sa propre affliction si personne n'est là pour la valider.

Comment expliquer la faiblesse de ce soutien, alors qu'en d'autres circonstances, l'entourage se montre à la hauteur ? Le statut flou de l'embryon et du fœtus, qui reste un sujet de débat dans la société aujourd'hui, y est sans doute pour quelque chose. Comment consoler d'une perte si celle-ci est indéfinissable ? Ou, pis, quand elle apparaît consentie comme lors d'une IVG ? Cette ambiguïté limite aussi la femme dans l'expression de sa plainte. Demandant peu d'aide, elle n'en reçoit pas en retour. Pour consoler, il faut de l'empathie. C'est-à-dire qu'il faut pouvoir se mettre affectivement à la place de l'autre pour connaître et comprendre ses sentiments. Et cela par intuition ou par identification. Si un homme peut se mettre sans trop de difficulté à la place d'une femme dans son comportement externe, ne serait-ce qu'en mimant une allure féminine, il a plus de mal en ce qui concerne l'intimité génitale. Il est loin le temps où il mettait un coussin sous son ventre imaginant ou espérant avoir le pouvoir de sa mère de « fabriquer » un bébé. Les hommes se sentent plus facilement menacés que les femmes dans les assises de leur identité sexuée. Il y a plusieurs explications à cela[1] : l'une d'elles est que le petit garçon doit se détacher de son premier objet d'amour et d'identification, sa mère qui est une femme, pour se construire en tant qu'homme, à l'inverse de la fillette. C'est pourquoi, dans ce domaine, trop d'empathie de sa part est jugée dangereux. Pour un homme, la douleur d'une FC, surtout si elle est précoce, ou d'une IVG, est virtuelle, malaisée à connaître et donc à reconnaître.

Entre femmes, on pourrait s'étonner qu'il n'y ait pas davantage de soutien. Car beaucoup de femmes ont été concernées par ce type d'infortune. J'y vois comme explication une forclusion de la douleur ; c'est-à-dire qu'il y a chez ces femmes un rejet et une annulation de la représentation traumatisante. Les femmes qui ont vécu cette épreuve ont souvent forclos leur douleur. Elles sont donc en difficulté pour être en empathie, car elles craignent de redonner corps à leur propre douleur. Elles ne sont pas sereinement objectives dans leur écoute. Ce sont finalement souvent des femmes plus jeunes, qui n'ont pas connu cette épreuve, qui sont les plus consolatrices. Mais ce n'est pas vers elles que vont s'adresser les femmes qui souffrent de FC, c'est plutôt vers les femmes d'expérience. Or, la femme d'expérience a pâti de voir autour d'elle d'autres femmes mettre au monde des enfants alors qu'elle souffrait des

---

1. Stéphane Clerget, *Comment devient-on homo ou hétéro*, Paris Lattès, 2006.

suites de sa FC. Elle a vu sa peine déniée par l'entourage. Elle a dû reclure sa douleur. Les soldats ne se plaignent pas mutuellement des douleurs de la guerre.

Ce ressenti d'abandon est parfois la projection d'une culpabilité inavouée. La femme se protège alors du vécu douloureux d'avoir abandonné son « bébé » en attribuant à d'autres ce comportement abandonnique vis-à-vis d'elle. Dans les FC aussi, cet éprouvé existe, mais la femme se sent alors abandonnée par celui qu'elle appelait déjà son bébé.

Ces vécus d'abandon sont aussi la résurgence de vécus d'abandon antérieurs à la perte de l'enfant à naître : après sa première FC, Béatrice réagit très mal. Elle perdit l'appétit, le sommeil et ses centres d'intérêt. Fatiguée, triste, irritable, le diagnostic de dépression fut aisément posé par son médecin de famille. Elle parlait de sa fausse couche comme d'un abandon. Elle en voulait au « bébé », et s'en voulait en ne se sentant pas digne d'être mère. Ce vécu put être interprété comme la reviviscence de son vécu d'abandon survenu vingt ans auparavant à l'occasion du divorce de ses parents. Elle avait six ans. Son père, qu'elle adorait, quitta le domicile familial, et elle ne le vit plus pendant des années, car il partit à l'étranger refaire sa vie. Elle eut des difficultés scolaires et redoubla son cours préparatoire. Sa dépression de petite fille ne fut alors pas prise en charge et resta tapie au fond de son psychisme. La fausse couche de son enfant imaginé (peut-être celui qu'elle rêva petite fille d'avoir avec son père) fit réapparaître cette dépression infantile qui, cette fois, put être soignée.

LE FŒTUS N'EST PAS PRÊT

En cas de fausse couche, c'est donc surtout par son « enfant » qu'une femme enceinte se sent abandonnée. Pour Françoise Dolto, dans le courant de laquelle je m'inscris, l'enfant est un partenaire actif de son désir de naître. Être ou ne pas naître, telle est sa question. Le désir du fœtus est évidemment difficile à lire, si ce n'est dans sa motricité et sa trophicité, c'est-à-dire par la qualité de son développement. C'est dans cette dynamique évolutive que réside l'expression de son élan vital. Toute forme vivante a besoin de conditions environnementales favorables pour bien croître. Qu'en est-il de l'environnement du fœtus ? On peut imaginer que l'anxiété, la dépression ou l'ambivalence du désir peut induire chez la mère des modifications biologiques et immunologiques qui favoriseraient un rejet. Mais beaucoup de fausses couches surviennent malgré un biotope favorable. Une malformation génétique ou une originalité chromosomique pourraient être interprétées (dans une lecture qui placerait le désir au cœur du développement humain) comme un élan dirigé par un désir fœtal de retour à la décomposition matérielle. Tout se passe comme si le fœtus désirait le rester, et ne pas devenir un bébé. Trop de femmes imaginent que si leur « bébé » ne vient pas au monde c'est qu'il ne veut pas d'elles. On a beau leur donner toutes les explications médicales possibles (malformation, problèmes de placenta, d'incompatibilité fœto-maternelle), elles imaginent que c'est une question de désir. Il y a toujours une vérité dans les intuitions d'une femme (comme dans celles d'un homme), même si ce n'est pas celle à laquelle elle pense. Il faut répondre à ces femmes qu'un fœtus qui ne désirerait pas devenir un bébé, quelle que soit la manière dont il l'exprime dans sa trophicité, ne rejette pas pour autant sa future mère. Il n'y a pas que sa mère qui l'attend dans sa vie future, à laquelle il pourrait refuser de se confronter. Et, par ailleurs, pourquoi ne pas y voir un désir de rester ce qu'il est, plutôt que d'y lire un refus à devenir un enfant ? Un fœtus n'est pas un enfant. Un enfant qui naît est un fœtus qui disparaît. Pourquoi ne pas lire une fausse couche, non pas comme un « échec » à devenir mère, ou un rejet de la mère par l'enfant, mais comme ce qui serait du désir d'un fœtus à ne pas être autre chose, ou quelqu'un d'autre, qu'un fœtus ?

Une mauvaise compatibilité fœto-maternelle qui s'exprime par des anticorps ne doit pas être interprétée comme un rejet mutuel d'une mère et de son enfant. Car un fœtus n'est pas encore un enfant et une femme enceinte n'est pas encore une mère. Un fœtus et la femme enceinte qui l'héberge peuvent cohabiter difficilement, tandis que l'enfant et la mère qu'ils deviendront pourront être tout à « fait » faits l'un pour l'autre. Le statut de chacun est un facteur primordial de la relation. Être l'un dans l'autre ou l'un à côté de l'autre sont deux façons d'être ensemble très dissemblables.

Le réveil

Au-delà de la perte de confiance et du vécu d'abandon, la FC a des effets sismiques. Comme tout traumatisme, elle provoque un tremblement de terre émotionnel, favorisé par la transparence psychique de la femme enceinte que j'ai traitée plus haut. Il y a un retour de douleurs anciennes qui étaient jusqu'alors jugulées par des mécanismes de défense psychologiques que le séisme fait s'effriter ou s'effondrer. Ainsi voit-on des blessures anciennes réapparaître, des volcans que l'on croyait éteints entrer à nouveau en éruption. Des deuils oubliés, des frustrations majeures, des traumatismes infantiles qui n'ont pas été suffisamment reconnus ou extériorisés pour être bien métabolisés vont « profiter » du traumatisme de la FC ou de l'IVG pour s'exprimer à nouveau. La FC vient alors donner pertinence à des ressentis enfouis. Il n'est pas aisé pour la principale intéressée de faire seule la part des choses entre douleurs actuelles et passées, et c'est alors l'affaire de spécialistes que de démêler l'ancien du présent dans un mal-être qui s'éterniserait après une telle perte. Louise est dans un état dépressif depuis deux années quand elle se décide à consulter. Elle met son état sur le compte de la perte d'un enfant à quatre mois de grossesse. Les relations avec son mari sont depuis très altérées, et ils n'ont plus d'intimité sexuelle. Elle se sent aujourd'hui lâchée par cet homme auquel, dit-elle, « j'ai tout donné ». Le travail psychanalytique entrepris avec elle illustre que cette FC a ravivé son sentiment de manque d'amour de son propre père. Ce père qui, dans son imaginaire de petite fille, est celui de cet enfant qui est perdu. Son père ne l'aimait pas suffisamment. Et cet enfant non viable vient le lui rappeler et symboliquement lui confirmer. À cela s'ajoute le dépit vis-à-vis de sa propre mère, décrite comme préférant son frère. Cette FC confirme ce que son subconscient lui disait, à savoir que sa mère ne l'aurait pas assez aimée pour faire d'elle une femme capable d'être mère. Comme si elle n'avait pas passé le relais. Au cours du suivi de cette femme, j'ai pu démêler, reconnaître, réévaluer ces différents liens et creux affectifs, pour lui permettre ensuite de prendre un nouveau départ en dehors d'eux.

La douleur d'une IVG est aussi parfois l'écho d'une autre. Les larmes qui s'écoulent ont alors longtemps fermenté. Elles brûlent et soulagent. Lave, dans l'eau salée, jaillissante du volcan sous-marin. La souffrance d'une IVG, si elle peut se dire, se fera le porte-parole d'une douleur plus ancienne, qui n'avait pas voix au chapitre. Mais c'est le plus souvent une écoute éclairante qui décodera ce double langage, qui fera le tri entre ces tourments divers. Si ce travail n'est pas fait, le tourment originel réapparu portera désormais les habits du deuil du fœtus avorté et exprimera sa propre plainte de façon masquée.

Écoutons Ségolène : « J'avais 20 ans. Nous allions nous marier dans quelques semaines. J'étais heureuse. Sereine comme je ne l'ai jamais plus été. Lui devenait nerveux. Il allait endosser des responsabilités d'homme, de père. Je le rassurais. Il parlait de moins en moins. Il gagnait en gravité, en profondeur sans doute. Sa jeunesse entrait peu à peu dans les ordres. Le soir où j'ai lu sa lettre déposée sur le lit, j'ai senti des mouvements dans mon ventre. J'ai pensé, c'est le bébé. Mais non, ce ne pouvait pas être ça. Je n'étais enceinte que de deux mois et demi. Il me quittait. Définitivement. "Je suis désolé. Adieu." Vincent mettait un terme à ses aveux de peur et de faiblesse. J'ai vomi durant le voyage en ferry qui m'emmenait vers les côtes anglaises. Mes parents étaient sur le pont avec moi. "Tu ne pourras pas l'élever, cet enfant, et nous sommes trop vieux pour le faire à ta place." Ils sont médecins. Je leur ai obéi. Comme toujours. Ils avaient des relations à Londres. Cela a facilité les choses. L'IVG n'était pas possible en France. J'étais à 16 semaines d'aménorrhée, on en a déclaré 14. Je me souviens comme si c'était hier. Dans cette clinique, ils travaillaient à la chaîne ! Après l'anesthésie générale, j'ai été réveillée par les hurlements d'une femme auxquels répondaient les cris d'infirmiers lui demandant de se taire. C'est alors que je réalisai que cette femme, c'était moi ! L'un d'eux tenta alors de me calmer avec des mots rassurants. Il me dit en anglais que je n'avais pas à me sentir coupable. Quelque chose comme : "Un enfant non désiré est un enfant malheureux." Ce qu'il ne savait pas c'est que je me sentais alors coupable de la mort d'un autre enfant. Huit ans plus tôt, c'est moi qui ai couché mon neveu nouveau-né, qui ai posé sur son ventre la couverture de laine. Je m'imaginais alors maman. Au matin, sa vraie mère l'a découvert inanimé dans son berceau. La couverture avait migré sur le visage. Mort subite du nourrisson, déclara le médecin. J'ai souffert pendant des années, poursuivie par ces deux bébés. Et un jour, plus rien. Mes souffrances se sont arrêtées nets. Ma fille Camille venait de naître. »

La douleur en écho n'est pas toujours une douleur enfouie. C'est parfois une douleur contemporaine à la perte qui s'ajoute à celle-ci et en redouble l'intensité. Ainsi en est-il d'un amour qui avorte. En effet, des IVG viennent solder une histoire d'amour. Comme il est difficile alors de démêler dans l'après-coup le traumatisme de ces deux ruptures ! Deux fils coupés qui s'entremêlent pour maintenir une continuité. On va pleurer un fœtus idéalisé en bébé, qui aurait tel âge aujourd'hui, pour ne pas regretter un amant nécessairement honni.

QUAND LA PERTE EST INITIATRICE

Mais cette douleur psychologique, qu'elle soit directe ou en écho, n'est pas constante après une IVG ou une FC. La femme n'est pas toujours défaite après une telle perte. L'intensité de la souffrance varie en fonction des circonstances, de la qualité de l'entourage, de l'accompagnement médical et paramédical, des aptitudes personnelles de la femme à résister au stress, des antécédents personnels et familiaux, de la présence d'enfants ou non, etc.

Une IVG peut être l'occasion d'une affirmation de soi d'une femme au sein de sa famille, qui montre ainsi qu'elle est apte à perpétuer la filiation familiale, mais qu'elle peut aussi l'interrompre :

Mahaut : « Je pris conscience que mes parents mettaient sur moi une pression énorme pour que j'aie un enfant quand je me suis retrouvée accidentellement enceinte. Ma sœur aînée, pour des raisons de santé, ne pouvait en avoir. Et mon frère, homosexuel, n'en voulait pas. Quand je me suis retrouvée enceinte d'un homme que j'aimais bien mais pas assez pour l'aimer vraiment, j'en ai parlé à mes parents pour les informer que je n'en voulais pas. Ce fut terrible ! Ils le voulaient absolument cet enfant : "On l'élèvera, tu n'auras rien à faire", imploraient-ils. Quand j'ai avorté, ils m'ont fait la tête pendant deux ans. J'ai vécu cette interruption comme le soulagement d'un poids que je portais sans en avoir conscience depuis des années. »

Une absence de douleur peut aussi s'expliquer par une intégration profitable, sur le plan de l'économie psychique, de ces vicissitudes. En effet, ces événements peuvent être intégrés psychiquement par la femme comme une sorte de passage initiatique. À l'extrême, ces souffrances seraient les garants du statut de l'être femme. Elles offriraient le ticket d'entrée dans le cercle des femmes d'expérience, un peu comme jadis un homme se devait d'avoir fait l'armée ou la guerre pour être vraiment un homme d'expérience.

Mélodie : « Je n'ai pas souffert après ma FC. Toutes les femmes de ma famille en ont eu. Je savais que cela faisait partie de la vie d'une femme. »

Le caractère initiatique n'en fait évidemment pas un acte prémédité consciemment et volontairement. Mais cela explique un vécu qui n'est pas traumatique, ni facteur d'anxiété ou de dépression. Au contraire, cette expérience sert de marchepied pour aller de l'avant dans sa vie de femme. Comme un sacrifice offert à la vie.

Silence

Les effets sismiques d'une grossesse chez une femme, et ceux qui sont provoqués par une fausse couche, ne sont pas nécessairement bruyants. J'ai parlé plus haut de volcans en éruption, mais il s'agit de volcans peu audibles car situés sous la mer.

« Et moi je lui en veux tellement au silence,
Pour tout le mal qu'il m'a fait,
Que jamais il ne se taise,
Celui qui veut être heureux », chante Marie Laforêt sur un texte du poète argentin Atahualpa Yupanqui. Quand il est question d'avortement spontané ou provoqué, bien trop de femmes défaites parlent cette langue qui est faite de paroles que l'on ne dit pas : le silence.

Bien sûr, c'est Dame Nature la responsable. Mais elle fait bien les choses dit la voix populaire, que reprend en écho le discours des médecins. Elle a séparé le bon grain de l'ivraie. La grande majorité des fausses couches, on l'a vu, sont en effet le fruit d'une sélection « naturelle » où les anomalies chromosomiques des fœtus les rendent non viables. Pourtant, la vérité d'une fausse couche siège parfois dans la douleur qu'elle secrète. Douleur secrète, la fausse couche a la voix du silence. Soit parce qu'elle passe inaperçue : l'embryon fausse compagnie avant que la grossesse ne fasse signe. Soit que la femme se tait comme on tait un échec, une maladie intestinale, une maladresse, une faute. Soit, enfin, parce que lors des fausses couches tardives ou des morts *in utero*, l'entourage impose la loi du silence, y compris à la femme qui trouverait pourtant dans la parole un paravent au souffle de vie qui menace de l'emporter en la quittant.

Claire : « N'en parlons plus, m'a dit mon mari quand je suis rentrée de la clinique. Je n'avais pourtant pas ouvert la bouche. J'étais enceinte de presque quatre mois et demi. Quand j'ai repris mon emploi, mes collègues qui me savaient enceinte et m'avaient questionnée sur le prénom que j'envisageais m'ont accueillie avec un sourire de circonstance qui m'a laissée circonspecte. Rideau. Mains tendues, mais paupières baissées et bouches cousues. Je ne leur en veux pas. Je sais que leur silence est un silence de respect. Mais je me suis sentie du coup si peu respectable. »

Silence aussi dans les rangs des couples. Après une IMG, le couple est souvent incapable de se parler pendant de longues semaines. Chacun reste emmuré dans son silence.

Il y a des paroles de réconfort qui sont tant dévitalisées, si automatisées qu'elles ne sont que du silence masqué. Ce sont les mots qui ne rassurent que ceux qui les disent : « Ce n'est rien. Ça ira mieux dans quelques jours. Tu pourras en refaire un. » Il y a des paroles qui expriment une incompréhension, comme les réactions entendues par Carole, ayant appris qu'elle pouvait enterrer son fœtus de vingt-deux semaines dans un coin réservé du cimetière de sa ville : « Mais enfin, Carole, tu n'as pas perdu d'enfant, ce n'était pas encore un enfant ! Pourquoi tu veux l'enterrer ? Tu ferais mieux d'oublier. » L'absence de reconnaissance de l'importance de la perte par l'entourage aggrave la peine et prive du soutien nécessaire pour traverser plus facilement l'épreuve.

Le silence ne vient pas seulement de l'entourage. Il est aussi imposé par la femme. Pas prête à en parler, elle évite le sujet quand on l'aborde. Le silence est aussi la crainte de se plaindre quand c'est un acte volontaire.

Le silence est quelquefois le seul écho d'une détresse vécue dans l'ombre. C'est alors un silence lourd du poids des larmes, un silence qui masque la honte, celle d'avoir échoué à devenir mère, d'avoir échoué en amour, ou simplement la honte d'être triste.

Le silence est parfois l'enveloppe du secret : « C'est la première fois que j'en parle à quelqu'un », me dit cette patiente qui a fait une IVG, il y a cinq ans. « Personne n'en a rien su, même pas mon mari. »

Il est des silences immuables et vides comme des maisons abandonnées. Mais il est aussi des silences qui bruissent d'une vie secrète et souterraine, inaccessible aux oreilles d'un monde sourd à l'intimité meurtrie d'une femme. Si, après une fausse couche et une période de mal-être plus ou moins brève, la femme fait silence sur l'événement, c'est aussi pour le garder à soi. Comme un secret partagé entre elle et l'absent.

C'est un silence religieux tissé par le respect dû au disparu et qui vient l'envelopper tel un linceul. C'est un silence qui est parfois empathique. Quand un être meurt, le processus de deuil consiste à « incorporer » le défunt, à s'identifier totalement ou partiellement à lui. D'ailleurs, après le décès d'un être cher, il arrive qu'on lui « emprunte » certaines attitudes ou certains centres d'intérêt. De cet embryon de bébé, que sait la mère ? Rien d'autre que son silence. C'est par identification à lui qu'elle fait silence à son sujet. Le silence le re-présente. Quoi de plus complet que le silence ?

Le chagrin qui fait suite à la perte d'un enfant à naître est souvent méconnu, car il évolue volontiers dans ce silence. Ce qui nuit souvent à sa résolution. Le silence du déni de la douleur, de la honte, de la culpabilité, de la tristesse, du doute, de l'ennui. Le silence d'un deuil. Mais il arrive que le silence se brise dans un fracas de colère, de symptômes dépressifs ou post-traumatiques. Qu'elles soient bruyantes ou silencieuses, voyons les différentes étapes du chagrin qui font suite à la perte volontaire ou non d'un enfant à naître, ainsi que les moyens de s'en soulager.

CHAPITRE III

Les étapes du chagrin

Chaque deuil, qu'il soit périnatal ou non, est unique. Il est fonction des circonstances, de la personnalité, de l'histoire et de l'entourage de chacun. Il n'y a pas de mesure objective de la souffrance humaine. Mais concernant spécifiquement les pertes d'enfants à naître, on peut penser que ce type de deuil est plus difficile à vivre aujourd'hui que jadis pour plusieurs raisons :

– la paupérisation actuelle des rituels qui accompagnent la mort en général ;

– les progrès en néonatalogie qui laissent penser que la médecine peut tout pour sauver les fœtus ;

– la programmation rendue possible des grossesses qui fait croire aux mères qu'elles ont un contrôle absolu sur le devenir de leur fœtus, et qu'il ne s'agit plus d'un cadeau de Dieu ou de la Nature ;

– la réduction du nombre d'enfants par femme qui fait de chaque grossesse un événement rare ;

– les grossesses tardives qui leur donnent un caractère de dernière chance ;

– la visualisation de plus en plus précoce du fœtus, qui en fait très tôt un enfant que l'on a l'impression de connaître ;

– et, enfin, la découverte des compétences du fœtus, qui l'assimile de plus en plus à une personne.

Après une fausse couche précoce ou tardive, comme après une IMG, la femme passe par différentes étapes dans son ressenti. Parmi elles, on trouve le déni, la colère, la culpabilité, la crainte, le doute, l'ennui et la tristesse. Mais aucune de ces étapes n'est constante, obligatoire et ne s'installe selon un ordre chronologique formel, et elles peuvent cohabiter.

Il est intéressant de noter qu'à l'occasion d'une rupture amoureuse[1], on emprunte également le chemin de ces différentes émotions, confondues ou disposées comme des étapes. Et l'on sait que la personne qui est à l'origine d'une rupture n'est pas à l'abri de la souffrance de la séparation. C'est vrai aussi de celle qui décide d'interrompre la grossesse. C'est pourquoi la description de ce parcours du chagrin concerne aussi les femmes qui ont décidé leur avortement. Un certain nombre d'études ont comparé les conséquences psychiques de ces dernières à la population générale, ou à

1. S. Angel, S. Clerget, *La Deuxième Chance en amour*, Paris, Odile Jacob, 2006.

celles qui ont mené des grossesses à terme, planifiées ou non. Les résultats sont très variables[1] : 1 à 20 % des femmes concernées ont des problèmes psychiques sérieux.

Quoi qu'il en soit, en cas de deuil périnatal lié à un avortement spontané ou volontaire, les séquelles psycho-affectives sont très diverses et sont fonction de la personnalité, de l'histoire individuelle, mais aussi du déroulement de l'interruption, et d'une éventuelle prise en charge.

En dehors des explications conscientes, comment comprendre, en termes de dynamique et d'économie psychique, la présence d'une douleur morale après une fausse couche ? On peut expliquer cette douleur de plusieurs façons :

– par la perte narcissique (car c'est une partie de soi dont on avorte) ;

– par la dimension expiatoire (la conscience se punit de sa culpabilité imaginaire par la douleur qu'elle produit) ;

– par la nécessité d'occuper, grâce à la douleur, le vide psychique créé par ce départ (douleur comme garant de l'absence de déchirure du moi) ;

– par le retournement de l'investissement libidinal (dont le fœtus était le dépositaire) sur soi-même, ce qui rend la femme plus sensible ;

– pour réveiller le « soi » à la vie grâce à la douleur

1. Ces études ont été largement sous-tendues d'implications idéologiques, pro ou anti-IVG.

(afin de contrecarrer les vœux de mort sur soi-même qu'on pourrait avoir, surtout si on en a eu sur le fœtus).

Cependant, n'oublions pas que la douleur n'est pas constante, et qu'à l'inverse, la femme peut ressentir isolément ou associé à du chagrin, un soulagement, notamment dans les avortements volontaires.

Le soulagement

Quand une femme apprend qu'elle est enceinte, ce n'est pas toujours une bonne nouvelle. Il arrive que la fécondation ait lieu sous méthode contraceptive car aucune d'elles n'est sûre à 100 %. La femme ne souhaite pas toujours être mère ; ou elle n'est pas toujours prête quand elle se découvre enceinte. En état d'impréparation morale, affective, conjugale, psychologique ou matérielle pour un tel engagement, elle choisit alors l'interruption volontaire de grossesse. Et aussi pénible que cet acte peut être, il vient soulager d'une perspective préoccupante, voire d'un véritable état de détresse. La charge psychique négative est généralement plus importante avant l'IVG. Autrement dit, une IVG effectuée dans de bonnes conditions aurait globalement moins de conséquences psychologiques négatives que la naissance d'un enfant non souhaité. En effet, parmi les femmes auxquelles on refuse une IVG, selon différentes études, un quart à un tiers d'entre elles auraient des sentiments négatifs ou des difficultés psychologiques. Il arrive qu'associée au soulagement d'être libérée d'un poids, la décision d'interrompre une grossesse s'accompagne d'une maturation psychique chez la femme grâce à la réflexion sur son couple, ses attentes, et son désir de maternité que cela implique.

Dans le cas d'une IMG, il s'agit également d'un choix. La douleur de la réception de l'annonce d'une malformation n'empêche pas le soulagement de ne pas avoir à mettre au monde un enfant qui risque de souffrir de handicap. Le soulagement s'accompagne parfois d'une forme d'estime de soi d'avoir été capable d'être allée jusqu'au bout de sa décision.

Enfin, dans toutes les situations de fausses couches, le soulagement existe parfois de façon inconsciente. Nous verrons, dans le chapitre consacré à l'ambivalence du désir d'être mère, que le choix de la maternité n'est pas toujours en accord avec la totalité de l'être désirant. On peut souhaiter devenir mère et craindre de l'être en raison de tous les renoncements et les engagements que cela implique. Quand il y a un soulagement, il est l'écho de ces appréhensions qui sont tout à fait normales.

Un sentiment de soulagement, quelles que soient les modalités de perte, est bien sûr compatible avec des sentiments apparemment contraires que sont la tristesse ou la culpabilité. Mais l'absence complète de ressenti est possible. C'est le déni. Il est transitoire et précède d'autres symptômes, ou bien il s'installe dans la durée.

Le déni

Après une FC ou une IVG, la tristesse, la colère, la culpabilité ou la souffrance ne sont pas les seuls sentiments possibles. Ce qui apparaît extérieurement comme un déni de la souffrance peut aussi être un mode de cicatrisation très rapide chez une femme qui a des assises psychologiques et affectives solides, un entourage fiable et présent, ainsi que des circonstances favorisantes (FC précoce, IVG réfléchie, déjà mère).

Pascale : « J'ai fait deux IVG. L'une avant la légalisation. On partait à plusieurs en bus pour la Grande-Bretagne. On se serrait les coudes. C'était un acte personnel, certes, mais aussi collectif et militant. La seconde fois, c'était après la légalisation. Ce fut alors un acte solitaire dont j'étais la seule à porter le poids. Je n'ai pas eu de suites psychologiques après le premier. C'était porté autrement, par le groupe. Mais, dans le second cas, j'ai souffert moralement dans ma solitude. »

Mais la femme peut aussi se comporter comme si cet événement n'était pas réel. C'est un mécanisme psychique de protection pour éviter la souffrance. Dans le déni, tout se passe comme si, face aux perceptions de la réalité, l'esprit n'en tenait pas compte, il s'agit d'un auto-aveuglement focalisé sur cette perte. La personne n'est pas « endormie », elle agit comme si elle prenait en compte tous les éléments, et en met pourtant certains de côté.

Le déni, c'est les autres !

Avant de poursuivre sur les mécanismes personnels d'évitement de la réalité, il faut reconnaître que tout est fait pour favoriser le déni chez la femme. En cas de fausse couche, l'événement est banalisé, la nature fait bien les choses, dit-on, en assurant une sélection naturelle. La femme est ainsi invitée à oublier sa fausse couche en pensant à la prochaine grossesse qu'il faut mettre en route au plus tôt !

« Ce qui m'a étonné, dit Julie, c'est que j'étais à peine enceinte que mon gynéco parlait déjà de bébé. Et tout de suite après ma fausse couche, il n'était plus question que de fœtus. »

S'il y a des symptômes, on se précipite à prescrire un anxiolytique qui les efface un temps et endort la patiente sans rien guérir, au lieu de l'écouter dire sa peine et ses craintes. Il arrive que le médecin qui suit la grossesse vive la fausse couche comme un échec professionnel, donc personnel, et qu'il réagisse par la banalisation pour s'en défendre. Le terme même de fausse couche invite au déni. « Fausse », comme si rien ne s'était passé et que tout cela n'était pas vrai, pas réel en quelque sorte. Ajoutons à cela une évolution globale de la société occidentale, qui prend de moins en moins en charge les deuils individuels quels qu'ils soient. Les rites funéraires et les marques de deuil périclitent. Il y a une sorte de déni de la mort en tant que partie prenante de l'existence sociale. Je développerai ce point dans le chapitre consacré au deuil.

Les formes du déni

Le déni est une période, plus ou moins longue, où la femme ne ressent pas de souffrance morale. Ni tristesse, ni colère, ni culpabilité. C'est comme si la raison l'emportait. En cas d'IVG, la femme se dit que c'était l'unique solution et qu'il ne s'agissait que d'un œuf. En cas de fausse couche, elle reprend l'argumentaire médical de l'œuf probablement malformé et de la sélection naturelle. Ou bien elle pense qu'elle aura d'autres grossesses, comme la femme délaissée par un amoureux pourrait se dire : « Un de perdu, dix de retrouvés. »

Mais souvent le déni prend une forme moins raisonnée, voire très déraisonnable. La femme continue d'imaginer que le fœtus est encore présent. Elle se rêve encore enceinte par exemple, et s'étonne au réveil de son retour à la réalité. Elle fait parfois des lapsus qui témoignent qu'elle se croit toujours parturiente. Elle ressent une présence, tel est le cas d'Élisabeth : « J'ai perdu mon bébé à quatre mois de grossesse. Pendant deux ou trois semaines, je cherchais toujours les frottements de ses pieds sur mon ventre. »

On pourrait inscrire dans cette escale du déni celles qui sont persuadées, à tort, qu'il reste un « morceau » du fœtus dans leur utérus. J'ajouterai ces femmes qui ont une nouvelle grossesse dans les suites immédiates de la fausse couche et qui imaginent volontiers que c'est le même bébé avec une gestation prolongée.

Dans les situations d'interruption médicale de grossesse, surtout si la grossesse était avancée, la tristesse est habituelle. Son absence surprendrait. La colère se rencontre aussi : contre soi ou contre l'équipe médicale. Mais la colère se dirige parfois contre le fœtus lui-même auquel la femme reproche inconsciemment de ne pas être celui qu'elle espérait. Il y a dans ce rejet une forme de déni protecteur contre une tristesse insoutenable. C'est un mécanisme psychique qui consisterait à désinvestir promptement le fœtus réellement présent et à le considérer comme usurpateur. Ce fœtus « anormal » serait venu prendre la place de l'enfant à naître légitime qu'on imaginait. C'est une forme de déni que de considérer ce fœtus réel n'être pas le bon. Cela permet de justifier sans trop de remords, ni de tristesse, son éviction. Mais l'efficacité de ce mécanisme est loin d'être complète, car il n'empêche pas, dans un deuxième temps, le deuil de l'enfant imaginé.

Le déni est un mécanisme qui permet d'échapper, un temps seulement, à la souffrance qui viendra après. Sa durée est variable : de quelques jours à quelques semaines. Quand le chagrin suit son cours normal, le déni a une durée de vie limitée.

Ce peut être le déni de la douleur considérée comme un aveu de faiblesse narcissique. Rose est cadre supérieure dans une entreprise de luxe. C'est ce qu'on appelle complaisamment une *working girl*. Sa grossesse a été programmée. « Enceinte, je me suis sentie tout de suite bien. Aucune nausée. Tout se passait sans problème. Je me croyais la plus forte. » La fausse couche qui suivit l'emplit d'un sentiment d'échec. « Ce fut pour moi ma première défaite. » Si elle ne put alors trouver, autour d'elle, consolation et réconfort, c'est avant tout par fierté, reconnaît-elle : « Je n'ai jamais été du genre à me plaindre. C'eût été honteux pour moi de le faire. J'ai toujours tout maîtrisé dans mon existence. Ce fut la première fois que ma vie m'échappait. » Elle tint bon plusieurs mois, prit des somnifères, augmenta la prise d'alcool le soir. Les ennuis au travail s'accumulèrent. Elle devint plus irritable, jusqu'à l'effondrement dépressif qui la mena à mon cabinet.

Déni éternel

Si le deuil ne se réalise pas convenablement, le déni peut se prolonger. On garde sa douleur pour soi à défaut d'avoir pu garder la promesse d'un enfant. Le déni perpétué n'est pas sans risque. Avec le temps, cette douleur forclose se calcifie et devient comme un rocher perdu. Sur ce rocher perdu au cœur de la *mère* s'échouent toutes les autres douleurs. S'y déposent les sédiments des émotions vives qui passent sur le chenal de la vie. Les naissances, les décès et d'autres événements de vie significatifs vont y faire naufrage et rappeler sa présence, son bon souvenir à la mère.

Suzie : « J'y pense à chaque fois que je croise une femme enceinte. Mais je n'en parle à personne, cela serait indécent. » Le déni est une forme de refuge pour éviter la prise de conscience douloureuse. Elle fige l'être au lieu de le faire progresser. Cela empêche de passer par les étapes affectives qui font suite à la perte, et le fait que ces étapes soient pénibles à vivre peut expliquer ce « sur-place ». C'est pourquoi il importe de quitter le nid du déni.

Le cas suivant illustre cette affirmation. Flora, la trentaine passée, a décidé d'avorter. Ce fut une décision réfléchie et raisonnée. Elle n'aimait pas suffisamment son partenaire d'alors pour en faire le père de son bébé. Elle n'éprouva aucune tristesse : ni colère, ni regret, ni nostalgie, ni remords. « Le père aussi a pensé que c'était la meilleure solution pour nous deux. En tout cas, c'était mieux pour lui. Il était marié et il n'était pas question de vie de couple entre nous », déclara-t-elle. Un peu plus tard, ils se séparèrent et elle se mit en couple avec Henri duquel elle eut un enfant. Deux ans, après cette naissance, je reçois Flora qui vient pour son fils présentant un retard de langage. À plus de deux ans et demi, il ne fait aucune phrase et connaît très peu de mots. Le reste de son développement est sans anomalie. Dans le cas présent, ce problème de langage ne s'explique pas par un grand syndrome comme l'autisme ou un retard de croissance. Flora, elle, n'a pas grand-chose à dire d'autre au sujet de cette IVG quand je l'interroge sur l'histoire de la famille. Il m'apparaît qu'elle s'est toujours refusée, inconsciemment, d'accepter l'idée de perte. Comme il s'agissait d'une décision raisonnée, elle ne laisse s'exprimer aucun sentiment que sa raison aurait pu considérer comme un obstacle. Puisque qu'elle a agi sous le contrôle de sa volonté, elle n'a aucun regret à avoir, pense-t-elle ! Pourtant, elle avait partagé trois années de sa vie avec cet homme dont elle s'était retrouvée enceinte. Je l'aide alors à se remémorer son histoire passée, ses attentes déçues, ses espoirs délaissés, ses regrets, ainsi que l'ambivalence de ses sentiments vis-à-vis de cet homme. C'est en acceptant de se retourner et d'examiner avec son cœur ces années écoulées que Flora peut à nouveau mobiliser ses émotions et ses sentiments paralysés par le déni. Elle passe alors par une phase de colère contre cet homme, puis par une phase de tristesse. Mais, en parallèle, la parole de son fils trouve sa voie. En quelques semaines, il rattrape son retard de langage et se montre très bavard. C'est le déni de sa mère qui l'avait muré dans le silence.

Cette retenue des affects comme mouvement défensif peut donner naissance ultérieurement à des conduites dangereuses, comme une projection mortifère sur autrui (enfant de remplacement dont je parle plus loin), une somatisation [1] ou un passage à l'acte [2].

Je ne dis pas que souffrir est un mal nécessaire. Mais pour se débarrasser de la souffrance, il est nécessaire de la reconnaître et de l'affronter. La nier reviendrait à la laisser croître ou à lui laisser une partie de soi. Pour éviter d'y faire face, certaines ne vont pas jusqu'à nier, mais elles vont tenter d'oublier. Hélas, les souvenirs oubliés ne sont pas perdus [3], mais n'attendent que le moment propice pour réapparaître.

L'ÉCHARDE

L'oubli n'est donc pas le déni. Le chagrin est parfois transitoire. On croit être consolé, en fait, on s'est simplement distrait. La blessure se réveille quand on ne s'y attend pas, de façon sournoise, alors même qu'on a l'impression d'avoir tout oublié. C'est une douleur qui, sans être intense en permanence, se rappelle à notre souvenir chaque fois qu'on y touche comme une écharde. On peut l'oublier tant que rien ne rappelle sa présence. Elle n'est pas niée ni refoulée, et il n'y a donc pas besoin d'un travail en profondeur dans le cadre d'une psychothérapie pour l'aborder. Mais son

1. Maladie physique dont l'origine est psychologique.
2. Comportement possiblement dangereux et irréfléchi pour soi ou autrui.
3. S. Freud, *Cinq leçons sur la psychanalyse*, Paris, Payot, 2001.

approche est vite douloureuse et la patiente préfère éviter d'en parler, n'imaginant pas qu'on puisse la lui ôter. Ou bien ne le souhaitant pas. Comme si cette douleur donnait étrangement corps à un corps étranger illusoire ; une écharde remplaçant le fœtus disparu. Renoncer à cette douleur serait nier ce qui a été et ce qui a failli être, ce qui faillit à être. Cette écharde est le contraire du déni.

Christelle a 18 ans et aime un garçon du même âge. Elle est enceinte, mais il refuse d'être père. L'éducation religieuse de Christelle s'oppose à toute IVG. Il la quitte. Christelle fait une fausse couche tardive. Elle se souvient encore, dix-huit ans plus tard, des réactions de ses parents quand elle leur en a fait part. Aucune réaction apparente chez sa mère, qui lui propose un peu de thé. Tout s'est passé ensuite comme si rien ne s'était passé. Sa mère n'y fera aucune allusion. Ici, le déni concerne aussi l'entourage. Quand elle en parle à son père, celui-ci lui répond : « C'est mieux comme ça. De toutes les façons, tu n'aurais pas pu l'élever. » Cette dernière réponse, dit Christelle, avait au moins le mérite d'inscrire cet événement dans sa réalité. « Mais dans les deux cas, je n'ai bénéficié d'aucune consolation. » Deux ans plus tard, sa tante perd son fils de 14 ans dans un accident de voiture. À l'enterrement, sa tante dit à Christelle : « Tu as de la chance, tu ne connaîtras pas cette douleur. » Cette réflexion reconnaît la possibilité qu'a eue Christelle d'être mère, mais annonce qu'elle ne pourra être mère que d'un enfant destiné à mourir. Christelle connaît ensuite différentes histoires d'amour dont le point commun est qu'elle a de chacun de ces hommes un enfant. Comme si, pour chaque amour qui s'éteint, il doit rester un enfant viable. Aujourd'hui encore, elle aime un homme, elle sait que cette histoire ne durera pas, pourtant elle veut un enfant de lui. L'enfant qu'elle n'a « pas su garder », selon ses mots, est idéalisé. Comme l'est sa première histoire d'amour « dont il ne reste rien », dit-elle. Sa répétition amoureuse et procréative est sa façon inconsciente de lutter contre les oracles de mauvais augures de sa famille et de compenser, de panser, cette perte primordiale.

« Le chagrin, c'est comme le ver solitaire : le tout c'est de le faire sortir », écrit Marcel Pagnol dans *Fanny*. C'est parfois dans le fracas de la colère qu'il s'expulse le plus aisément.

La colère

La colère fait classiquement suite au déni, quelle que soit sa durée.

Ses destinataires

Il arrive que cette colère soit dirigée contre soi-même. On s'en veut d'avoir avorté, de ne pas avoir pris assez de précaution, d'avoir oublié sa pilule, d'avoir fait l'amour avec ce type, d'avoir fait confiance à cet autre. On s'en veut d'avoir été incapable de « garder cet enfant » en cas de fausse couche. On se fait le reproche de ne pas s'être mise à l'abri du stress, ne pas s'être suffisamment reposée ou, plus globalement, de ne pas être suffisamment « bonne » pour qu'un enfant ait eu envie de grandir en soi. On s'en veut d'avoir fait précédemment une IVG, que l'on rend responsable de la fausse couche actuelle, etc.

Mais les principaux destinataires de cette colère sont souvent les autres. La femme blessée cherche un coupable à sa perte. Elle se montre facilement irritable et agressive vis-à-vis de son entourage. « Je me fâchais quand on me disait que ce n'était rien et que je pourrais en faire un autre », confie Sofia. Elle peut aussi diriger sa colère contre des personnes qu'elle aime, bien qu'elle ne les considère pas comme responsables, à l'instar de ses enfants. À l'extrême, elle ne supporte plus rien, ni personne. Elle va alors nourrir du ressentiment vis-à-vis de son compagnon qui l'a mise enceinte, l'a poussée à avorter, ou simplement qui ne l'en a pas dissuadée.

Christiane : « On m'a avorté à dix semaines de grossesse, car mon mari ne voulait pas d'enfant supplémentaire. Depuis, notre couple prend l'eau. Après j'ai pris sur moi pour reprendre des relations sexuelles, mais dans les faits on en a de moins en moins. La colère que je ressens vis-à-vis de lui est plus forte que mon désir. »

Solange, 26 ans : « Quand j'ai avorté, je me suis retrouvée seule. J'en garde un très mauvais souvenir. C'était un accident à l'occasion d'une passade. Ma mère a prétexté un problème de santé pour ne pas m'accompagner à la clinique. Je lui en veux encore aujourd'hui. Nous étions jusqu'alors très proches, nous téléphonant tous les jours. Son attitude lors de mon IVG nous a désunies. Je me dis qu'elle me faisait payer quelque chose, mais j'ignore encore si c'est d'avoir été enceinte ou bien, au contraire, de ne pas l'avoir gardé. »

Elle en veut à son entourage de ne pas l'avoir assez entourée. Elle a du ressentiment vis-à-vis de ses employeurs car elle pense que c'est à cause du stress professionnel qu'elle a perdu son « bébé ». Elle envie avec hargne sa belle-sœur, ou sa voisine qui va bientôt accoucher.

Fabienne a quatre enfants resplendissant de santé. Quand elle était enceinte de son deuxième garçon, elle partageait ce bonheur avec Léa, une amie d'enfance qui était enceinte pour la première fois. Elles étaient à huit mois et demi de grossesse toutes les deux quand Fabienne accoucha. Deux jours après, le cœur du « bébé » de Léa cessa de battre. Elle accoucha d'un enfant mort. Fabienne : « Je ne suis pas allée la voir dans les semaines qui ont suivi ce drame. Je ne pouvais pas m'approcher des mânes de l'enfer alors que je venais de donner la vie. C'était comme si je voulais protéger mon bébé contre les forces obscures. Mais je n'ai pas pu dire cela à Léa. Elle a pris prétexte de cette absence de soutien pour m'en vouloir atrocement. J'imagine qu'il y avait de l'envie. Elle m'a fait la tête pendant cinq ans. »

Quand surgit de tels problèmes, la femme se met en colère et rend responsable son médecin de ne pas lui avoir conseillé le repos. Ou elle en veut aux infirmières qui se seraient montrées sans cœur à la clinique lors du curetage, ou à l'échographiste de lui avoir annoncé trop brutalement la malformation à l'origine d'une IMG. En cas d'IMG, en effet, elle ressent habituellement vis-à-vis de l'équipe médicale de la reconnaissance mêlée à de la rancune. Il arrive aussi, même si elle n'en parle pas, qu'elle en veuille à l'« enfant » de l'avoir abandonnée en partant prématurément dans le cas d'une fausse couche. Elle lui en veut d'avoir été conçu et d'imposer par son existence même une IVG. Ou, si elle a subi une IMG en raison de sa malformation, elle le blâme en secret pour avoir pris la place d'un autre imaginaire qui aurait été « normal ».

Fonctions de la colère

Cette colère est mauvaise conseillère. Mais elle soulage et évite à la femme de devenir confuse face à l'inacceptable. Le but premier de la colère chez l'être humain est d'impressionner l'adversaire, à l'instar des grognements d'autres espèces de mammifères. Ici, les adversaires sont tous ceux qui sont considérés comme responsables, c'est aussi le mauvais sort ou Dieu pour les femmes croyantes comme Sarah : « J'ai perdu la foi le jour où mon bébé est mort *in utero.* »

La colère qui naît au verdict de la réalité est d'abord pour la femme un moyen de nier l'absence. Parfois, sa pensée inconsciente se place au-dessus de la raison et, telle une hallucination de désir, lui fait croire que le fœtus est encore là, que tout ceci n'est pas vrai, et la femme s'emporte alors contre tout ce qui la ramène à la réalité des faits. Tel un animal blessé, il s'agit de montrer les dents pour qu'on cesse de vous faire du mal, mais aussi pour qu'on ne vous approche pas, qu'on vous laisse en paix le temps nécessaire à la cicatrisation de la plaie.

Cette perte est perçue par le psychisme comme une violence qui est faite contre lui. Et la colère, réactionnelle à cette perte, correspond à une projection à l'extérieur de l'agression que l'on a reçue. C'est en fait un retour à l'envoyeur pour éviter d'être détruite et pour ne pas disparaître soi-même avec le fœtus. C'est aussi une façon de reprendre pied, de mobiliser ses énergies, de se protéger contre un éventuel autre coup du sort dont on pourrait être la victime. Elle fait sortir de l'état de torpeur qui sidère après une telle perte, et qui se maintient sous la forme du déni. Elle permet de prendre conscience de la réalité des faits et de commencer à y faire face.

Il importe cependant de quitter les commodités de la colère qui, si elle évite de faire face à la tristesse, correspond à un comblement du vide créé par la perte par de la haine. Béata a quitté Gunther depuis deux ans. Mais elle ne lui pardonne toujours pas d'avoir déchiré leur amour en refusant cette grossesse qui s'est achevée par une IVG. Elle continue de le vouer aux gémonies et de ruminer sa haine contre lui. Cette disposition d'esprit empêche la sérénité de germer à nouveau dans le cœur de ces femmes meurtries. C'est pourquoi il est important de ne pas laisser se maintenir cet état de colère trop longtemps.

L'envie [1] est un sentiment négatif qui accompagne parfois la colère. Elle est dirigée vers celles qui ont des enfants. Derrière l'envie, il y a certes du ressentiment, mais aussi du désir. L'envie peut présenter un intérêt s'il est un facteur d'émulation, quand le bonheur de l'autre femme nous montre qu'il est possible. Mais souvent l'envie est sous-tendue par un sentiment d'incapacité [2] à devenir mère, ou par un sentiment de crainte de ne pas rencontrer le même bonheur que l'autre.

Conseils pour se libérer de la colère

Afin de se débarrasser de cette envie qui risque de ronger l'âme, il faut d'abord la reconnaître comme telle. Ensuite, il s'agit de retrouver tous les sentiments

1. L'envie, c'est la douleur de voir autrui jouir de ce que nous désirons, la jalousie est la douleur de voir autrui posséder ce que nous possédions.

2. « Envier, c'est se reconnaître inférieur », Pline le Jeune, début du IIe siècle.

qu'elle camoufle : par exemple, la peur de ne jamais avoir d'enfants, la honte de ne pas avoir su le garder, la tristesse de l'avoir perdu, le doute de pouvoir être mère, le remords de ne pas avoir gardé l'enfant en cas d'IVG... Il est ensuite nécessaire de repérer clairement ses désirs personnels que masque cette envie de l'autre femme : par exemple, pouvoir redevenir enceinte, se réconcilier avec son compagnon, s'apprécier à nouveau, ne plus souffrir de cette perte, retrouver une joie de vivre, rencontrer un homme aimant et avoir un enfant avec lui. Enfin, il est important de relativiser le malheur que procure le bonheur de l'autre : car que m'apporterait le fait que l'autre n'ait pas ou perde son enfant ?

Pour ne pas laisser la colère prendre un trop long bail, il faut dans un premier temps veiller à diminuer autour de soi toutes les autres causes de colère ; réduire les sources possibles de contrariété ; choisir des activités agréables ; refuser les propositions demandant trop d'efforts, que ce soit dans le domaine professionnel ou extra-professionnel ; ne pas se charger de responsabilités nouvelles, sources de conflits ; se reposer. Inutile de garder à l'intérieur de soi la colère vis-à-vis de son partenaire en cas d'IVG notamment, car elle risque de s'accumuler et de se déplacer sur tout l'entourage. La garder prisonnière en soi-même fait courir le risque d'en devenir à son tour la prisonnière. Cela ne revient pas à dire qu'il faille l'exprimer de manière trop directe et explosive en insultant ou en menaçant l'autre directement. Mais il est sain de trouver un interlocuteur privilégié qui pourra entendre l'exprimer à son encontre sans mettre de l'huile sur le feu, ni la désavouer en culpabilisant la femme d'être en colère. Sachant que cet interlocuteur neutre n'est pas aisé à rencontrer. À défaut, il vaut mieux répartir ce rôle sur plusieurs personnes de l'entourage.

Pour évacuer cette colère sans dommage, donnez-lui libre cours en pensées. Imaginez-vous disant tout ce que vous avez sur le cœur, allez jusqu'à le dire tout haut en tenant une photo des personnes auxquelles vous en voulez. Imaginez la scène où vous vous exprimeriez sans retenue (et sans être interrompue) pour leur dire leurs quatre vérités. Utilisez également l'écriture. Écrivez-leur. Quel que soit le ou la destinataire de votre colère (votre partenaire, vos amies, votre mère, le fœtus). L'écrit donne un recul et une réflexion que ne permet pas la communication orale. Écrivez votre colère et si vous ne souhaitez pas qu'il en reste trace, n'envoyez pas ces lettres. L'important n'est pas qu'elles soient lues, mais que vous vous soyez soulagée. Celles qui ont du plaisir ou des compétences dans des formes artistiques bénéficient d'un média tout trouvé pour sublimer leur colère, c'est-à-dire la transformer en énergie créatrice. Margaret, qui avait laissé tomber le dessin faute de temps, l'a repris après sa fausse couche, et la fureur de ses sentiments a nourri d'une sauvagerie magnifique ses nouvelles productions.

Mais le moyen le plus avancé pour sortir de cette colère est de laisser couler ses larmes pour faire baisser la pression. La tristesse prend alors naissance, mais aussi l'ennui, le doute et la culpabilité.

L'ENNUI

L'ennui fait suite à la colère, ou s'installe plus tardivement. L'ennui surprend, surtout celle qui n'est pas habituée à le rencontrer, occupée dans sa vie de femme active. Car il apparaît aussi alors qu'elle est dans l'action : au travail, à la maison avec son mari, ses amies, en vacances. Elle fait les choses, mais tout cela l'ennuie. Il arrive que l'ennui soit envahissant. Et l'on a beau faire, impossible de le chasser. Le temps prend alors un pas pesant. Il n'en finit pas. Celle qui auparavant trouvait que le temps passait trop vite, voilà qu'elle se plaint de le trouver trop long. Or, c'est justement une des raisons d'être de cet ennui. Car l'ennui est un mal dont on peut tirer profit. L'objectif inconscient chez la femme endeuillée qui s'ennuie est de tenter de ralentir le temps, de le suspendre. Il faut du temps pour digérer affectivement une telle perte. Le caractère brutal de la perte fait que le psychisme considère que les choses ont été trop vite, que le temps a pris une trop grande accélération pour lui par rapport au rythme habituel. Il a besoin de temps pour s'adapter à la nouvelle situation. L'ennui le lui accorde. En étirant le temps, il remet les pendules à l'heure.

L'ennui est déplaisir. Aucune des activités habituelles ne procure d'agrément. Il pousse à ne rien faire, puisque rien de connu n'a d'attrait, ce qui est nécessaire en période de convalescence afin de panser ses plaies et de se reconstruire en réfléchissant sur soi. Il pousse aussi à chercher des activités nouvelles, à emprunter des voies insolites afin de trouver des plaisirs inédits, ce qui présente un grand intérêt dans la reconstruction de soi.

L'ennui est aussi une réponse à l'angoisse de mort qui frappe de plein fouet, à leur insu parfois, beaucoup de ces femmes qui sont confrontées dans leur chair au cycle de la vie et de la mort. L'avortement spontané questionne vivement sur la fragilité de l'existence et la finitude des choses. La femme enceinte est porteuse de vie, et oublie alors cette angoisse de mort qui est le propre de l'homme. Elle se sent parfois divine, puisqu'en train de créer un être humain, divine donc immortelle. D'ailleurs, avoir des enfants est l'une des meilleures façons de réguler son angoisse de la mort, puisqu'elle nous place, homme ou femme, dans l'illusion de poursuivre notre vie à travers eux. La disparition de l'enfant à naître lors d'une fausse couche efface brutalement ces fantasmes protecteurs, et réactive avec force cette angoisse de mort. C'est alors qu'en attendant un apaisement de cette angoisse par la mise en place de mécanismes de défense psychologiques ou par des événements de vie comme une nouvelle grossesse que l'ennui vient remplir sa fonction. Il vous paralyse tellement qu'il donne de vous une allure privée d'allant et d'élan vital. Et cet aspect inanimé de quelqu'un qui s'ennuie « comme un rat mort » fait de vous un gisant. Or, ce qui est déjà mort ne peut plus l'être, vous voilà donc inconsciemment à l'abri.

Ce malaise bien particulier qu'est l'ennui n'est donc pas sans fondements. Que ce temps qui est offert soit mis à profit pour ne rien faire de courant, mais pour soit faire des choses qu'on n'osait pas ou n'envisageait pas de faire jusqu'à présent, soit pour ne rien faire. Ne rien faire, c'est-à-dire laisser le « faire » pour l'« être » : être pensant, rêveur, parlant, observateur ou bien encore à l'écoute. C'est-à-dire ouvert au monde, afin de se ressourcer et de se reconstruire.

L'ennui n'empêche pas la réflexion. Souvent même il la rend possible, voire l'impose. Parmi ces cogitations, ces ruminations mentales qui remplissent l'ennui, le doute prend place. Et ce n'est pas sans douleur.

La douleur du doute

Le doute qui précède

Le doute survient après un avortement spontané ou volontaire. Mais il arrive qu'il le précède. S'il y a en effet une douleur psychologique propre aux interruptions volontaires de grossesse, c'est bien la douleur du doute quant à la décision. On considère qu'une décision tardive est souvent due à une ambivalence. Douter, ce n'est pas s'installer dans l'incertitude, c'est nourrir l'une après l'autre deux certitudes contradictoires[1]. D'où l'intérêt du délai légal de réflexion et de l'accompagnement médico-social pour aider la femme à voir clair dans ses souhaits. Selon une étude allemande[2], après une IVG, 24 % des femmes ont parfois des doutes quant à la justesse de leur décision, et 5 % en ont souvent. On connaît l'influence déterminante de l'entourage dans ce choix. Qu'elle soit favorable ou défavorable, il y a la pression du conjoint, les injonctions de la famille, les conseils des amies, la position du médecin et l'attitude du personnel médical. Ces influences vont lever ou, au contraire, créer le doute. Les événements de la vie survenant au cours de la grossesse, tels qu'une séparation, un deuil ou un changement professionnel, provoquent des retournements décisionnels.

Le doute qui suit

Même quand une femme fait un choix, même quand son entourage ne la fait pas douter, il lui arrive de se questionner avant bien sûr, mais encore après. À propos du bien-fondé de sa décision et des alternatives possibles : n'aurais-je pas pu le garder ? Étaient-ce de

1. Robert Merle, *Madrapour*, Paris, Seuil, 1999.
2. B. Holzhauer, « Schwangerschaft und Schwangerschaftsabbruch », *Kriminol*, Freiburg i. Br., Forschungsberichte aus dem Max-Planck-Inst., n° 38, 1989.

bonnes raisons ? Mais elle s'interroge aussi sur les conséquences de son choix : ne vais-je pas le regretter plus tard ? Aurais-je d'autres grossesses ? N'aurais-je pas de complications lors des grossesses futures ? Parfois le doute est plus métaphysique : où est-il aujourd'hui ? Comment aurait-il été ? Si le doute n'est alors pas l'exclusivité des interruptions volontaires de grossesse, il réveille ici la question du choix qui a été fait. Servane veut un enfant. Elle est avec le même homme depuis dix ans. Ils se sont aimés adolescents. Elle s'était alors vite retrouvée enceinte, et elle a dû se faire avorter car ils n'étaient pas prêts à être parents. Ce mauvais souvenir est loin derrière elle et n'a pas empêché le couple de suivre sa belle route. Mais forte de son désir d'être maman, elle ne peut s'empêcher de douter sur sa capacité à devenir mère puisque, dit-elle, « je n'ai pas réussi à l'être, il y a dix ans ».

Le doute fait également irruption après une fausse couche. La femme va douter d'elle-même, pouvant perdre sa confiance en elle sans que cela s'inscrive pour autant dans une dépression ou de la culpabilité. Elle peut douter de ses qualités de femme. Après des fausses couches à répétition, la difficulté à devenir mère ou, pire évidemment, le sentiment d'incapacité touchent la femme au sein même de son identité. En effet, encore aujourd'hui l'éducation des filles rend difficile l'acceptation d'être complètement femme si l'on n'est pas mère. Aux yeux de la fillette, être adulte, c'est être une maman. Porter un enfant est présenté culturellement comme l'aboutissement de la féminité. D'où la profonde désintégration identitaire possible quand une femme qui le souhaite ne parvient pas à donner la vie. Quand nos certitudes volent en éclats, il arrive qu'on en vienne à douter de tout, y compris du sens de la vie. D'où l'importance de ne pas rester seule avec ce doute, mais d'en parler à une personne bienveillante de l'entourage ou à un médecin.

Les bénéfices du doute

Certaines personnes vont tirer bénéfice de la découverte du doute, alors qu'elles étaient jusqu'à présent prisonnières de vaines certitudes qui leur permettaient certes de traverser la vie sans trop de heurt, mais aussi sans absolument rien en voir. Un autre horizon va s'offrir à elles, duquel vont poindre des vérités inconnues d'elles jusqu'alors. « Des choses les plus sûres, le plus sûr est de douter[1]. » Quant aux autres, elles vont devoir aller au-delà. Le doute ne doit pas conduire à s'abstenir de faire ou d'être, à ne plus croire en soi, ni en autrui. Au contraire, le doute doit conduire à l'examen de soi et à de nouvelles expériences, pour retrouver ses croyances ou trouver de nouvelles certitudes. C'est en doutant qu'on atteint la vérité. Car pour

1. Côme-Alexandre Collini, *Mon séjour auprès de Voltaire et lettres inédites que m'écrivit cet homme célèbre jusqu'à la dernière année de sa vie*, Paris, L. Collin, 1807, p. 372.

croire avec certitude, il faut démarrer par le doute. Le doute marque donc le début d'un renouveau de soi.

Cependant, la douleur de l'ennui et du doute n'est rien face à celle, si fréquente et si tenace, de la culpabilité.

La culpabilité

La culpabilité est l'une des réponses au doute. En cas de fausse couche, d'IVG ou d'IMG, il est rare que le remords ne vienne pas faire de morsures au cœur. Il mord et remord, telle est sa nature.

La culpabilité dans tous ses états

Pour l'IVG, on comprend aisément que la culpabilité soit le lot de nombreuses femmes, puisqu'il s'agit d'un acte volontaire encore parfois vilipendé. La loi de 1975 qui le rend possible ne doit pas faire oublier que, pendant des siècles, cet acte était passible de mort. Au XXe siècle encore, la femme était condamnée à la prison. Le sentiment de culpabilité est fonction de la personnalité, des antécédents, de l'histoire singulière, de l'ambivalence vis-à-vis de cette grossesse, de la façon personnelle de la vivre, des convictions morales, des circonstances, etc. Mais il est aussi nourri ou apaisé par les réactions de l'entourage et, plus globalement, par le discours de la société sur la question.

« J'ai longtemps eu après mon IVG un sentiment douloureux de regret et de honte à la pensée d'avoir mal agi », me confie Johanna. « Mon frère, quand il l'a appris, me l'a violemment reproché. Pourtant, je sais qu'à l'époque, je ne pouvais pas faire autrement. »

Alexia s'est retrouvée enceinte alors qu'elle vivait une passion naissante avec son compagnon. Il ne voulait pas d'enfant et la quitta. Elle avorta, ne voulant pas d'un enfant sans père. Aujourd'hui, c'est d'avoir fait confiance à cet homme dont elle se sent coupable.

Félicienne : « J'ai été enceinte à 16 ans. Mes parents m'ont contrainte à avorter. J'avais passé le délai légal car je leur avais caché. On a dû faire cela à l'étranger. Mon ami était divorcé et déjà père de deux enfants. Ils ont menacé de l'attaquer en justice si je refusais d'avorter. Après, je me suis sentie sale. Je détestais mon corps. Je me sentais minable avec mon ventre aplati. J'avais les seins qui pleuraient. Ce liquide qui aurait dû nourrir mon enfant c'est tout ce qui me restait de lui. Je n'étais coupable de rien, mais pourtant je me sentais jugée par les regards des filles de mon lycée. J'ai quitté l'enfance ce jour-là. »

Nadège : « J'avais deux enfants en bas âge, un appartement trop petit, des problèmes d'argent. Il y avait une menace sur l'emploi de mon mari. Si j'ai décidé d'avorter, c'est que la raison l'a emporté. Depuis, mon cœur de mère continue de me le faire payer ; et moi je tends la note à mon mari auquel j'en veux pour m'en vouloir moins. Deux ans plus tard, docteur, je viens vous voir pour que cessent ces remords et retrouver la paix en moi et dans mon couple. Il y a plus de dix ans déjà, mais pour moi, ce ne sont pas trois enfants que j'ai, mais quatre dans ma tête. »

Jeanne, 74 ans, a eu six enfants et neuf grossesses en treize ans. Elle parle de ses « fausses couches ». En fait, elle nomme ainsi ses trois IVG provoquées à une époque où la loi les interdisait. Jeanne a 18 ans et déjà un enfant quand elle tombe enceinte en 1949. « On ne savait rien à l'époque. On savait faire l'amour, mais on ignorait comment les bébés se faisaient. Les filles ne connaissaient pas les capotes. Mon mari et ma mère, chez laquelle nous vivions, m'ont convaincu qu'un deuxième enfant, alors que je venais d'accoucher depuis peu, ce n'était pas raisonnable. Ma mère m'a conseillé de mettre une bougie de "chaumel". Un tube que je devais placer dans l'utérus. J'ai tant saigné que j'ai dû me rendre à l'hôpital. Le médecin a suspecté la chose et m'a demandé si je n'avais pas provoqué le saignement. J'ai menti bien sûr. À l'époque, l'hôpital c'était des salles communes. Nous étions plusieurs dizaines à dormir ensemble. J'ai rencontré des filles qui, confiantes, ont avoué leur acte aux médecins. Elles ont été alors "punies" par un curetage sans anesthésie. Je me souviens de leurs hurlements. La deuxième fois, c'était en mettant du permanganate de potassium, un désinfectant, dans l'utérus. La troisième fois, j'ai utilisé à nouveau la bougie, mais ça n'a pas fonctionné. Trois semaines après, j'ai dû être hospitalisée à cause d'une douleur atroce qui me déchirait le ventre. C'était une grossesse extra-utérine. J'ai cru longtemps que c'était à cause de mon geste. À chaque fois, je me suis sentie coupable. Aujourd'hui encore je ne peux y penser sans tristesse. Surtout pour la troisième. C'était une fille, et je n'ai eu que des garçons après mon aînée. La loi sur l'IVG est évidemment une très bonne chose, mais une IVG c'est toujours quelque chose de triste pour une femme. »

Ce peut être aussi la culpabilité d'avoir trahi ses valeurs.

Sophie : « J'ai été élevée dans un milieu très catholique. Sur le sujet, même si je comprenais que les femmes dans la détresse aient recours à l'interruption volontaire de grossesse, je n'étais pas favorable. Et il y a eu cette grossesse de trop. J'avais déjà quatre enfants. Je ne prends pas de pilule, nous utilisons des préservatifs. Je ne voulais pas d'autres enfants *a priori*. Mon dernier avait un an. Je me sentais fatiguée. Je n'avais pas envie d'arrêter mon travail à nouveau. Un nouveau bébé me semblait au-dessus de mes forces. J'ai avorté avec des médicaments. Je n'en ai pas parlé à mes parents. Ils m'en auraient voulu. Je n'ai pas ressenti de tristesse, mais je me suis sentie coupable dès ma décision prise par rapport à mes principes. Heureusement, mon mari m'a soutenue. Et la psychologue que j'ai revue après m'a aidée en changeant mon regard sur l'acte. »

Dans les situations d'avortement volontaire, la culpabilité est plus nette que dans les fausses couches spontanées. Cependant, le caractère volontaire qui crée la culpabilité accorde aussi le sentiment d'une maîtrise qui limite le vécu douloureux de victime passive.

Dans les cas d'IMG, la culpabilité prend aussi appui sur le caractère « volontaire » du choix. Bien sûr, le choix du couple est justifié par le risque de handicap futur de l'enfant, bien sûr, le corps médical soutient en général cette décision puisqu'il doit donner son accord, mais le choix définitif et la responsabilité finale sont ceux de la femme. Et si, pour certaines, le choix est évident et sans remords, pour d'autres c'est un choix déchirant qui laissera dans son sillage une lourde culpabilité.

Quels que soient les types de pertes d'enfant à naître, en cas de médicalisation, il est aisément reproché au personnel hospitalier d'avoir été culpabilisant. Qu'il le soit ou non dans la réalité, il est certain que le vécu de culpabilité est aussi un vécu qui peut être projeté. C'est-à-dire que l'on va attribuer à autrui des reproches en guise de pensées. On va justifier sa propre culpabilité par des critiques qu'on imagine venant de l'autre, en interprétant telle réflexion, telle attitude ou tel silence. Quand la femme ressent l'autre comme culpabilisant, c'est aussi parce qu'elle se sent coupable sans véritablement assumer cette culpabilité.

Grâce aux méthodes contraceptives et aux progrès de la procréation assistée, les femmes aujourd'hui planifient et programment leur grossesse. De fait, l'échec d'une grossesse devient son échec personnel. La faute est alors recherchée : la faute professionnelle dans ce nouveau métier de mère ; et si ce n'est pas la mère, ce sont alors d'autres professionnels comme l'équipe médicale qui aurait mal suivi la grossesse en cas de fausses couches tardives. Pour éviter la culpabilité, certaines femmes rendent l'environnement responsable, et plus particulièrement leur propre environnement professionnel si elles travaillent. Pour les deux tiers d'entre elles, c'est le travail ou le stress qui sont à l'origine de la fausse couche. Même fondée, cette échappée est souvent fragile, et le poids de la culpabilité lui fait prendre l'eau. Car, aussitôt, la femme se fait le reproche de ne pas avoir établi de priorité, de ne pas avoir levé le pied au travail, ou de ne pas s'être mise à l'abri du stress.

La culpabilité est également présente dans le cadre des procréations médicalement assistées. Armelle est parvenue à être enceinte grâce à la fécondation *in vitro*. On lui a implanté plusieurs embryons pour être sûr que l'un au moins s'implante et devienne un bébé. Trois ont « poussé ». Il a fallu procéder à une réduction embryonnaire. Et l'on en a laissé deux. Aujourd'hui, deux ans ont passé, Armelle a deux jumeaux qui vont bien, mais elle a le remords de les avoir privés d'un troisième.

Le sentiment de culpabilité est aussi fréquemment ressenti après une fausse couche. Il va prendre appui sur divers prétextes : prise d'alcool, de tabac, excès de travail, sentiment de ne pas avoir suffisamment surveillé cette grossesse à risque, d'avoir tardé à faire un enfant, de ne pas avoir tout fait pour protéger cette grossesse, d'avoir fait une IVG dix ans auparavant... Autour de ces conduites passées, la femme brode une histoire au fil de sa culpabilité.

Lucianna : « Mon IVG m'a laissée sans amertume. Je n'avais pas la possibilité d'offrir à un enfant un environnement suffisamment bon. Mais cette nouvelle grossesse arrivait à point nommé. J'étais très contente d'être enceinte. Hélas, j'ai fait une fausse couche. Je me suis alors remémoré cette IVG faite trois ans auparavant, et j'ai imaginé que c'était le bébé dont j'avais interrompu la destinée qui revenait pour des représailles à mon encontre. Comme un amoureux que j'aurai quitté, et qui reviendrait sous une autre apparence pour, après m'avoir enjôlée, me quitter à son tour. »

Les fausses couches atteignent les femmes dans leur estime de soi. Elles sont blessées dans leurs compétences à devenir mère. La culpabilité vient se loger chez elles comme pour venir occuper cette place désertée. Quand la cause médicale n'est pas à l'origine de l'expulsion le sentiment d'échec domine : « J'ai mal fait mon nid », me confie Sylvie. Il arrive aussi que la femme s'en veuille d'attitudes qui semblent n'avoir aucun lien avec la fausse couche, qu'elle imagine alors, dans sa pensée superstitieuse, comme un retour de bâton. C'est le cas de Sandrine qui s'est mise en couple avec un homme qui venait de quitter femme et enfants pour elle. Enceinte peu de temps après leur mise en ménage, elle vécu sa fausse couche comme une punition d'avoir pris le mari d'une autre.

Les racines de la culpabilité

La culpabilité se nourrit parfois de fausses croyances, ou de reliquats de pensées infantiles. La petite fille croit, par exemple, qu'on procrée en avalant une petite graine qui poussera dans le ventre et donnera un enfant *via* les intestins. C'est sans doute le cas de Guénolé qui imagine que, si elle a fait une fausse couche, c'est en raison de son appétence pour les plats trop épicés. Ou de Lucie, 34 ans, dont c'était la première grossesse, et qui met en cause son passé d'anorexique quand elle était adolescente, bien qu'elle ne le soit plus depuis plus de dix ans. Ou encore de Carla qui, sans être anorexique, a toujours fait très attention à sa ligne et qui pense que si son bébé n'est pas resté c'était qu'elle l'avait privé de nourriture durant sa grossesse.

Certaines ont des prédispositions à la culpabilité, quelles que soient les modalités de la perte. Selon Freud et sa théorie psychanalytique, le sentiment de culpabilité permanent est partie prenante de certaines névroses[1]. Il correspond à la culpabilité née dans la

1. De la névrose obsessionnelle en particulier.

petite enfance des premiers désirs sexuels inconscients. Il s'agit de désirs œdipiens, c'est-à-dire dirigés vers les parents. Ces désirs entrent en conflit dans le psychisme de l'enfant avec les interdits que l'enfant intègre et qui viennent constituer son surmoi. Ces interdits réglementent notamment la sexualité humaine et incluent l'interdit de l'inceste. Ils sont plus ou moins bien transmis par les parents et de façon plus ou moins rigide. Le surmoi est donc une instance de l'appareil psychique qui joue le rôle de juge et de censeur sur le moi conscient de l'enfant. Chez les individus sujets au sentiment de culpabilité envahissant, ce surmoi est tyrannique. Les premiers désirs sexuels apparaissent chez l'enfant en même temps que l'intérêt pour les origines de la vie et de la procréation. L'enfant associe précocement les relations intimes et la « fabrication » d'enfant sans obligatoirement connaître les techniques appropriées. On conçoit aisément, à partir de ces théories, que le sentiment de culpabilité déjà présent chez une femme soit exacerbé par un traumatisme en lien direct avec les domaines procréatifs et sexuels.

Dans un autre registre, le sentiment de culpabilité témoigne aussi de l'ambivalence à vouloir être mère chez beaucoup de femmes enceintes. Quelle qu'en soit la nature, nos désirs sont souvent le compromis de désirs contraires. On veut et l'on ne veut pas. On sait, par exemple, que l'amour porte volontiers un peu de haine dans ses valises. Cette ambivalence quant à la maternité est consciente chez des femmes qui savent que cette grossesse implique des renoncements présents ou à venir, notamment professionnels ou dans le champ des loisirs. Elle l'est moins quand une grossesse vient mettre un terme à l'illusion qu'on est toujours une jeune fille : grandir c'est aussi vieillir. L'ambivalence peut concerner aussi le choix du partenaire. Judith : « Quand j'ai eu ma fausse couche, je me suis demandé si c'était vraiment de cet homme que je voulais un enfant. J'ai réalisé alors que si j'étais avec lui c'est qu'il me faisait penser à mon premier amour d'adolescence, mon idéal. Il lui ressemblait, mais ce n'était pas lui. » Quand il y a une fausse couche, la femme risque alors de la mettre sur le compte de son ambivalence et se sentir coupable.

La culpabilité empêche parfois une bonne élaboration du deuil qui impliquerait d'y faire face, notamment dans le cas d'une IVG au choix ambivalent. Il peut y avoir un refoulement immédiat, massif, court-circuitant tout travail de deuil. L'objet disparu est séquestré dans une oubliette. Aussitôt fait, la femme est soulagée et se porte bien. Mais ce mécanisme d'action psychique n'est pas sans conséquences. L'oubli nécessite un effort de tous les instants, car il impose en permanence de ne pas oublier... d'oublier. Parfois, la garde baisse, et il y a des cris qui remontent à la surface et vont créer des symptômes : des cauchemars, des phobies, ou des attaques de panique, par exemple.

Des femmes m'ont dit croire que si leur fœtus leur avait faussé compagnie c'est qu'il ne se sentait pas assez désiré ; par elle, par leur conjoint ou encore par leur famille. Cette pensée crée le ferment à leur colère vis-à-vis de ces derniers ou de leur propre culpabilité. « Je ne l'ai pas assez désiré », avouent-elles comme une faute grave, un crime s'il y a eu fausse couche. Hélène : « On m'a toujours dit que j'étais égoïste, incapable d'aimer. Ce bébé l'a-t-il pensé aussi ? »

Depuis la généralisation des moyens contraceptifs, il est devenu indispensable de dire à son enfant qu'on l'a désiré. « Je sais que je n'ai pas été une bonne mère mais je t'ai désiré ! » s'excusera une mère. On fait le reproche au père de son enfant de ne pas l'avoir désiré. Ce n'est pas le mot vouloir dont il est question, mais du verbe désirer. Pourtant, comment avoir du désir pour quelqu'un que l'on ne connaît pas ? C'est encore plus difficile pour un futur père qui ne ressent pas dans sa chair une présence qu'il pourrait investir de son énergie libidinale. On peut vouloir un enfant sans le désirer à l'état d'embryon. Il y a d'ailleurs une tonalité incestueuse dans ce désir-là. L'enfant a certes eu besoin du désir de ses parents l'un pour l'autre pour être conçu. Il a besoin d'être aimé dès sa naissance pour grandir en harmonie. Mais le fœtus n'attend pas d'être désiré de ses géniteurs qui ne le connaissent pas pour croître. Il a surtout besoin de son propre désir de vie.

Puisqu'une femme peut imaginer que le fœtus est parti parce qu'elle ne le désirait pas assez, pourquoi ne pas imaginer, à l'inverse, qu'elle a ressenti inconsciemment qu'il allait partir et, par conséquent, pour se protéger comme on se protège d'un dépit amoureux, elle s'est persuadée de ne pas trop le désirer ? Que les femmes se déculpabilisent de ne pas avoir désiré leurs fœtus avortés spontanément ou leurs enfants nés ! D'autant qu'il est normal, on vient de le voir, qu'une femme ait des sentiments ambivalents vis-à-vis du fœtus qu'elle porte. On peut porter, même si c'est difficile à admettre, des sentiments de haine à l'égard des personnes que l'on adore. C'est le cas des enfants vis-à-vis de leur mère, par exemple. Tout ce qui induit des changements profonds en nous, comme la grossesse ou le sentiment amoureux, déclenche des formes de résistance. Les sentiments d'hostilité sont l'autre face de l'idéalisation, et se révèlent notamment si l'autre n'est pas à la hauteur de l'idéal qu'on lui porte. Une mère dépend de son enfant comme une femme amoureuse dépend de l'homme qu'elle aime, et des réactions de rejet témoignent d'une résistance à cet enfermement que peut être la dépendance.

À l'inverse, l'ambivalence, ce doublet de désirs contraires, existe aussi chez celle qui ne veut pas d'enfant pour le moment. Elle explique les oublis de pilule. Le désir inconscient d'enfant vient heurter celui, raisonné, de ne pas en avoir. Le choc s'achève quelquefois en IVG avec culpabilité. Et s'il y a fausse couche, on croit que c'est parce qu'on n'a pas voulu de cette grossesse.

Le regard des autres

À la culpabilité de n'avoir pas donné la vie s'ajoutent parfois, comme des scories, des bouffées de honte. La honte naît du regard des autres, quand la culpabilité est le fruit de son propre regard sur soi. Il y a la honte de ne pas avoir été capable de « garder » cet enfant en cas de fausse couche, ou de n'avoir pas pu faire un enfant normal, dans une sorte d'esprit de compétition entre femmes, de ne pas avoir été à la hauteur face aux regards extérieurs. Il y a encore la honte de son corps qui n'a pas réussi à accomplir sa fonction reproductrice. La femme peut subitement se trouver laide car, pour la petite fille qui raisonne en elle, le premier modèle de femme est un corps de mère. La beauté féminine et la puissance maternelle sont souvent intriquées dans l'esprit des petites filles, au même titre qu'un garçon va associer beauté masculine et puissance virile. Une fausse couche peut venir réveiller des complexes physiques oubliés depuis l'adolescence.

Il y a aussi la honte de la « perdante », mais également la honte d'être abattue quand la tristesse est telle qu'elle ne peut être masquée. La honte de ne plus montrer une image sans faille à l'entourage quand on a une personnalité fière. La honte de s'être emportée dans la phase de colère. En cas d'IVG, la honte d'avoir été si longtemps aveuglée par un compagnon qui a refusé d'assumer la paternité, alors que tous disaient déjà qu'il n'était pas fiable. La honte de se retrouver encore seule, ou de l'aimer encore.

C'est parfois un sentiment de régression qui mène à la honte. En effet, devenir une future mère correspond à un changement de statut aux yeux de sa famille, de son entourage, de soi-même. C'est une étape qui marque une transformation physique, bien sûr, mais aussi psychologique et sociale. C'est une ascension. Comme l'adolescence, c'est une période de fragilité affective certes, mais qui s'accompagne d'un état d'exaltation, de sentiments de toute-puissance. On se pense par moments le centre du monde ou l'égale d'un dieu créant la vie sur terre. L'interruption de la grossesse vient briser ce moment mégalomaniaque et provoque un brutal retour en arrière, qui peut alors être vécu comme une régression. Certaines femmes, qui appréhendaient inconsciemment ce changement de statut (comme certains préados aimeraient rester enfants et s'angoissent à l'idée des transformations qui s'annoncent), et bien que tristes, sont au fond d'elles-mêmes en partie rassurées. Mais pour celles qui souffrent de cette régression, à la tristesse provoquée s'ajoute la honte face à autrui de voir son statut social déchu. Et pour elles, sortir de la maternité sans bébé dans les bras est vécu comme une véritable humiliation.

Des formes particulières de culpabilité

Dans certaines situations dramatiques, la culpabilité fait le lit de sentiments de persécution. C'est parce qu'il n'est pas devenu l'enfant qu'on espérait qu'il se transforme aujourd'hui, par cette absence et la blessure provoquée, en un objet persécuteur. La femme se replie sur elle-même, se sent jugée négativement. Où qu'elle se trouve, elle a en permanence le sentiment flou d'une hostilité ambiante. Elle interprète les propos de l'entourage comme critiques ou dévalorisants à son égard. Il s'agit là aussi de la projection à l'extérieur du sentiment de culpabilité, mais dans sa forme la plus extrême.

Dans un registre moins marqué, des femmes à l'ego très développé vont chercher un bouc émissaire à leur mal-être. Elles vont accuser de négligence ou de fautes professionnelles leur gynécologue, l'infirmière ou le personnel administratif de l'établissement.

La culpabilité s'exprime quelquefois à travers des comportements vicariants : la femme va adopter des attitudes altruistes ou, plus globalement, une façon d'être totalement tournée vers autrui, comme si elle s'oubliait elle-même et se sacrifiait aux autres. Cet investissement ne se traduira pas obligatoirement par une inscription dans une association humanitaire, mais plus subtilement dans des positionnements vis-à-vis d'autrui, dans les services qu'elle pourra rendre ou les renoncements à ses propres besoins qui la feront systématiquement passer au second plan. Ce comportement de rachat n'est pas vécu comme une expiation, puisque le sacrifice n'est pas perçu comme une punition. On peut cependant rencontrer des postures expiatoires quand la femme va s'imposer plus ou moins consciemment une peine morale (la femme aura moins tendance à se faire plaisir, se privera d'activités agréables), plus rarement physique (des prises de poids ou d'autres formes de négligence corporelle, voire des comportements d'automutilation). Il y a aussi des « automutilations » psychologiques comme la disparition du plaisir sexuel.

J'ai déjà parlé au sujet du déni de ce vécu particulier qu'ont certaines femmes après une fausse couche, et parfois même après un curetage, d'avoir un « morceau » du fœtus ou du placenta qui serait resté à l'intérieur [1]. Ce ressenti ne correspond habituellement à rien de physique mais c'est une forme de somatisation, qui peut être la traduction d'un sentiment de culpabilité.

Mais la culpabilité est loin d'être constante après une fausse couche, une IMG ou une IVG. En cas d'avortement spontané, le sentiment de responsabilité peut être pratiquement absent, et c'est davantage la sensation d'être victime qui prédomine alors. En cas d'IMG, l'accompagnement médical, psychologique et familial (plus marqué généralement que dans les autres situations) prévient souvent son apparition. La femme va estimer qu'il n'y avait pas d'autre choix et se sentirait, à l'inverse, coupable de donner la vie à un enfant potentiellement malheureux. Dans la situation d'IVG, la culpabilité peut, tout simplement, ne pas apparaître. L'embryon est considéré comme un œuf et non

1. Ce qui arrive, au demeurant, concernant le placenta, mais qui finit par être évacué spontanément.

comme un petit d'homme. Si elle pointe, elle est battue en brèche par le sentiment d'avoir fait le meilleur choix possible. C'est parfois le résultat d'une longue réflexion comme chez Éliane.

« Quand je décidai d'avorter, ma tante me parla de ces maisons qui accueillent celles qui voulaient avorter et les enfants qui naîtront. C'est sans doute une ouverture pour celles qui sont enfermées dans leur désarroi. Pour celles qui refusent d'avorter mais qui ne veulent pas, qui ne peuvent pas être mères. Ou celles qui ne veulent pas que leur maternité s'amorce sur cette conception particulière ou dans ce contexte particulier [avec cet homme qu'elle n'aime pas].

« Moi je ne voulais pas donner la vie. Je ne voulais pas donner la vie à un bébé, ni confier cette vie à une autre femme. La vie n'a pas de prix. Je ne pouvais donner ce qu'il y a de plus cher au monde à une inconnue. Le premier réflexe serait d'y voir de l'égoïsme. Mais c'est surtout à mettre en lien avec les angoisses de dépossession. Être dépossédée de soi par une autre. Si je me prive de ce bien si précieux, je n'aurai plus la chance de l'avoir à nouveau. Et qui est-elle pour prétendre faire un meilleur usage de ce que je n'ai pas la prétention d'avoir ? Et comment donner son enfant sans continuer de s'en sentir responsable ? »

Pour accepter de donner vie à un bébé, il faut avoir une estime de soi suffisante. Pour accepter qu'une partie de soi ait une raison d'être, pour s'autoriser à la faire vivre, il faut s'estimer en partie. En l'absence totale d'estime de soi, on considérera que rien issu de soi ne sera assez bon pour être.

Intérêt de la culpabilité

Quand la culpabilité est présente, la femme va tenter souvent de la cacher aux autres comme à elle-même, au point d'en méconnaître les fondements. Pourtant, la culpabilité n'est pas inutile : la recherche d'une faute prend le relais de la recherche d'une cause. Déceler une cause médicale soulage, sinon, la faute imaginaire est utilisée à la place. Car, face au caractère absurde de la perte d'un enfant à naître, il est fondamental pour l'esprit humain de trouver un sens. Et la cause ou la faute donne un sens. C'est également vrai pour la plupart des personnes confrontées à un traumatisme de quelque nature qu'il soit, ne serait-ce que pour éviter que cela ne se reproduise. En l'absence de cause médicale décelée, la femme envisage donc comme facteurs causaux le stress, un choc, un comportement délétère ou, encore, une impréparation à être mère que le fœtus aurait pu percevoir. Cette phase est nécessaire, mais elle devient intéressante si la femme peut se confier à quelqu'un, autrement dit, si elle ne rumine pas sa culpabilité, mais que l'hypothèse d'une faute soit l'occasion de parler d'elle, d'elle auparavant, d'elle pendant la grossesse, bref, de refaire le chemin à l'envers. Que ces paroles échangées autour de la cause ou la faute imaginaire permettent de reconnaître ce temps de vie, et fassent que ce projet avorté s'inscrive bel et bien dans son existence grâce à l'éclairage d'un tiers.

Quand la fausse couche est tardive et que l'autopsie décèle une cause médicale telle qu'un hématome rétroplacentaire, les parents sont soulagés. Cela n'évite pas la tristesse, mais son évacuation est facilitée. Il est plus aisé de parler d'un hématome rétroplacentaire ou d'une incompatibilité fœto-placentaire que de la souffrance intime d'une fausse couche dont on ne peut citer de causalité. C'est aussi parce qu'avec un diagnostic précis, l'empathie d'autrui est facilitée, l'écoute est meilleure. En effet, face à une souffrance à l'état brut, sans le support d'un diagnostic, l'autre craint de se noyer s'il entre en empathie. Quand une faute est mise en avant, l'écoute est rendue possible, ne serait-ce que parce qu'elle suscite en écho la déculpabilisation ou le pardon. La culpabilité permet donc à la femme d'être écoutée, à condition que la tristesse ne l'empêche pas de s'exprimer.

Comment se débarrasser de la culpabilité

« Si vous ne pouvez pas éviter que les corbeaux du remords et de la culpabilité ne volent au-dessus de votre tête, vous pouvez cependant les empêcher de faire leurs nids dans vos cheveux », dit à peu près un proverbe. La première étape est donc de confier ses remords. La culpabilité se confie plus facilement que la honte car elle procède d'un comportement, tandis que la honte touche davantage la personnalité dans son ensemble. Toute honte et toute culpabilité avouées sont à moitié éliminées. L'autre moitié peut être chassée par votre interlocuteur qui vous dira combien votre ressenti n'est pas justifié. Après ou avant la confidence, essayez de déterminer la nature principale de votre culpabilité ou de votre honte.

Et ne diabolisez pas trop votre culpabilité, car elle peut être constructive, à la condition bien sûr qu'elle ne pèche pas par excès. Il ne faut pas hésiter à demander pardon au fœtus vis-à-vis duquel vous vous sentez coupable. Cela ne signifie pas que vous souhaitez faire machine arrière, ni que votre choix, s'il s'agit d'une IVG ou d'une IMG, n'est plus valide, mais simplement que vous prenez en considération la conséquence de votre acte et qu'elle vous importe.

Il vous est également possible de vous pardonner vous-même. Les attitudes charitables de ceux qui veulent se racheter une bonne conscience sont parfois critiquées. Il n'est pourtant pas honteux d'avoir quelques comportements altruistes, de faire de bonnes actions pour se racheter de conduites dont on a le remords. Mais il y a des rachats impossibles, et le risque est de tomber dans une posture permanente de sacrifice. Par ailleurs, en essayant de pardonner aux personnes qui vous ont blessée par le passé, vous aurez plus de facilité à vous pardonner, et vous serez allégée d'encombrantes rancunes. C'est en ce sens surtout que le remords est constructif pour soi. Et si vous continuez à vous sentir coupable, acceptez alors que ce drame qui vous confronte à la tristesse est un châtiment, un châtiment suffisant, qui, de fait, rend injustifié tout remords.

Il est aussi salutaire de savoir se protéger de ceux qui, dans votre entourage, prétextant prendre votre malheur en considération, lancent en réalité des piques culpabilisatrices sur votre comportement. Ceux qui vous reprochent de vous laisser aller, ou ceux qui, à l'occasion d'une discussion sur l'éducation des enfants, vous disent que vous ne pouvez pas savoir car vous n'avez pas eu d'enfants. Apprenez à repérer ces manipulateurs et humiliateurs pour les éviter, définitivement, sans remords ni regrets.

Rappelez-vous tous vos motifs de fierté : par exemple, celle de l'avoir connu et de lui avoir plu, celle de l'avoir aimé sincèrement, celle d'élever seule vos enfants, celle de ne pas être allée au bout de votre colère, celle de l'avoir quitté quand il le fallait ou, à l'inverse, de ne pas l'avoir quitté pour préserver votre famille.

Aller à la rencontre de personnes qui, comme vous, ont connu la perte d'un enfant à naître sur des forums Internet, par exemple, ou au sein des trop rares associations. Écoutez leurs témoignages. Vous serez surprise de constater qu'elles ressentent également de la honte et de la culpabilité dans des domaines qui sont à la fois proches mais aussi différents des vôtres. Ensemble, vous apprendrez à les relativiser.

Enfin, appliquez-vous à restaurer votre estime de femme et de mère potentielle. C'est en réapprenant à vous aimer, quelles que soient vos erreurs réelles ou imaginaires, que vous dépasserez vos hontes et votre culpabilité. D'ailleurs, la pire des hontes est de n'en avoir jamais connu.

Cependant, la culpabilité avance rarement seule et, une fois abrasée, le calvaire n'est pas fini pour autant. Dans les situations de deuil périnatal, la principale compagne de la culpabilité, et sans doute la réaction la plus fréquente, c'est la tristesse.

La tristesse

À l'instar des autres réactions, la tristesse n'est pas obligatoire. Pauline : « J'ai eu deux enfants. J'ai eu deux IVG et deux FC. Mais, pour moi, je n'ai pas eu six enfants. Je ne les mets pas du tout sur le même plan, et je n'ai pas souffert de ces choix ni de ces accidents de vie. »

Mais il est rare que la tristesse ne passe pas au moins la tête. Elle peut certes être transitoire, ne durer qu'un jour ou deux, pour se dissiper sitôt que la femme est réconfortée par son compagnon et qu'elle s'engage dans un nouveau projet de grossesse. Elle n'a pas de jour d'arrivée fixe. Elle vient quand ça lui chante.

Lucie : « Quand on fait une IVG à contrecœur, on le vit mal. Mais je ne me suis sentie vraiment triste que quatre semaines plus tard. »

Elle tarde parfois à venir, quand le déni ou la colère lui bloquent la porte. Mais une fois présente, elle tarde parfois à s'en aller. Il lui arrive de le faire croire, mais en fait, elle reste tapie dans un coin du cœur, silencieuse, attendant une occasion propice, une date anniversaire ou un vague à l'âme pour resurgir un temps. Elle est fréquemment ourlée de regret.

Éléonore : « J'ai avorté, il y a deux ans. Mon ami ne voulait pas d'enfant. C'était la première fois, à 34 ans, que j'étais enceinte. J'étais à moins de cinq semaines. J'ai donc pu éviter une intervention. Des médicaments ont suffi. J'ai pris des comprimés qui ont interrompu la grossesse, puis d'autres qui ont provoqué des contractions et l'expulsion de l'embryon. Ça s'est passé chez moi. Mon médecin généraliste a l'habitude des IVG. Il m'a informé des méthodes, puis il m'a fait signer un consentement et le protocole de soins. Il m'a conseillé de ne pas rester seule chez moi ce jour-là, pour l'avortement proprement dit. Ma meilleure amie a pu être présente à mes côtés. Médicalement, tout s'est bien passé. C'est psychologiquement que ce fut plus dur. Pendant deux mois, j'ai eu du mal à dormir et je me sentais extrêmement triste et fragile. Aujourd'hui, j'en veux toujours un peu à mon partenaire et, pourtant, puisque nous sommes séparés, je ne regrette pas mon choix. Mais cela reste le pire des souvenirs de ma vie de femme. »

Dans les cas d'IVG, les souvenirs les plus tristes portent sur la phase de décision et sur l'intervention proprement dite. Cette tristesse a du sens : elle offre une pause pour accepter la réalité. Par la même occasion, elle établit une forme de relation au fœtus perdu. C'est une relation nostalgique au disparu. Elle est en soi une forme de commémoration des souvenirs. « La mort de mon bébé est une perte à jamais irréparable », me dit Sandra. Chez beaucoup, le maintien de la douleur a du sens car il rappelle ce lien fondamental qui a été définitivement coupé. Le traumatisme de la perte, surtout dans les fausses couches tardives ou les IMG, génère une part d'inconsolable qui fait office de mémoire protectrice. Cette part d'inconsolable offre sans doute une sorte de garantie imaginaire pour éviter le risque d'une répétition.

La tristesse s'amarre volontiers aux regrets, à tous les espoirs déçus, au bonheur qui aurait pu être. Ces regrets peuvent être utiles, dans la mesure où ils donnent un certain recul sur la vie et où les désillusions aident à traverser les apparences. Mais il n'est pas sage de se laisser dévorer par eux ; ainsi, remémorez-vous ce qui, de vos attentes passées, a pu se réaliser et, au-delà, ce que vous n'osiez même pas espérer jadis (fillette, par exemple) et qui vous a été donné de vivre. Bien sûr, à l'occasion d'un deuil, il est sans doute moins douloureux de penser à ce qui n'a pas eu lieu qu'au bonheur perdu. Mais ces moments de bonheur ou simplement de bien-être ou de tranquillité qui ont été les vôtres, ils font partie de vous à jamais, et la perte qui vous touche ne les a pas fait disparaître. Fermez les yeux et regardez-les ; ils sont bien vivants en vous et attendent votre souvenir pour se montrer. En second lieu, face à ce qui n'a pu se réaliser, il convient désormais d'envisager ce qui est réalisable. Que souhaitez-vous faire des années qui vous restent ? Investissez l'avenir d'envies nouvelles et d'éventuels projets de grossesse. Enfin, quand les regrets sont trop marqués pour s'en détacher, recherchez d'autres regrets plus anciens, moins apparents, mais qui les alimenteraient en secret.

Mais la tristesse et les regrets ne sont pas le lot de toutes les femmes, notamment dans les cas d'interruptions volontaires.

Catherine est sans regret : « J'ai hésité avant de décider cette IVG, il y a deux ans. J'avais 43 ans et c'était sans doute ma dernière chance d'avoir un enfant. Je n'ai connu que des histoires d'amour où j'étais l'amante d'un homme en couple. Pour cette grossesse également, le père était un homme marié. J'étais et je suis encore pour lui sa maîtresse, mais aussi un peu sa maman. J'ai le sentiment d'avoir occupé ces deux rôles avec tous les hommes de ma vie. En tout cas, je ne voulais pas d'un enfant avec un père présent en alternance. Avec cette IVG, j'ai fait le choix de ne jamais être mère. Et je n'ai pas de regret aujourd'hui. Je ne me sens pas en manque d'enfant. Avec ce début de grossesse, j'ai pu prendre conscience de mon désir réel. »

Voici l'histoire de deux femmes et un couffin : Clémence et Paola sont en couple depuis six ans. Elles ont très tôt désiré former une famille. Clémence a un garçon de quatre ans conçu par insémination artificielle à l'étranger. Paola essaie, depuis la même période, sans succès. Elle a aujourd'hui 45 ans et désespère de pouvoir donner un frère ou une sœur de lait à son « beau-fils ». Elle pense à son IVG, vingt ans plus tôt. Sans pour autant remettre en question son choix d'alors. « Bien sûr que je regrette de ne pas être mère aujourd'hui, dit-elle, mais je ne regrette pas de ne pas l'avoir été hier. Car le père biologique de l'enfant n'aurait pas pu élever cet enfant. Il était dans de trop grandes difficultés personnelles. C'est en couple que je veux avoir un enfant. »

« Si le monde tolère un malheur, n'est-ce pas pour le façonner à son usage, en tirer profit, le bâter, lui mettre un mors, une housse, le monter, en faire une joie [1]. » Je pense à cette phrase d'Honoré de Balzac en entendant Marine : « Ma fausse couche m'a rendue triste. J'ai été vraiment déçue. Mais au risque de choquer, je dois dire aujourd'hui que j'ai un petit Bastien que j'adore ; et que si cela n'était pas arrivé, je n'aurais

1. Honoré de Balzac, *La Peau de chagrin*, Paris, Gallimard, 2003.

pas le bonheur d'avoir ce merveilleux garçon-ci qui, lui, est là pour de bon. »

La tristesse qui s'installe est parfois renforcée par des tristesses antérieures qui n'ont pu se dire et qui vont s'exprimer à cette occasion. Georgia a fait une dépression majeure après son IVG, allant jusqu'à se scarifier. Cela a duré près de trois ans. Durant cette période, elle fut hospitalisée à plusieurs reprises. Ce n'est que plus tard qu'elle établit un lien entre cette dépression réactionnelle et ce qu'elle avait vécu à 12 ans. Elle séjournait alors en France avec sa mère de nationalité bulgare. Elle fut opérée des jambes afin d'améliorer leur alignement. Ce fut une intervention lourde, qui exigea une rééducation pendant neuf mois. Cette opération, elle l'avait refusée avec force du haut de ses 12 ans. Sa mère la lui a imposée. Georgia l'a vécue comme traumatique. Elle est persuadée aujourd'hui qu'un des arguments essentiels était, pour sa mère, que cette intervention permettait son maintien en France malgré une autorisation de séjour périmée. C'est durant cette période qu'elle a eu ses premières règles. Quinze ans plus tard, elle a vécu son IVG, qui s'est imposée, en raison du désistement du père, comme forcée aussi, et sans doute comme l'écho de cette première intervention traumatique.

Quand la tristesse s'installe dans la durée et qu'elle se remarque par son intensité, elle indique souvent un état dépressif. Quand elle devient dépressive, la tristesse englue l'ensemble du fonctionnement psychique, et donne une tonalité sombre à l'ensemble des perceptions. Il ne faut pas alors hésiter à se faire aider en consultant un spécialiste. Voyons à quoi ressemble, chez une femme en deuil périnatal, la dépression, ou plutôt les dépressions, car elles peuvent prendre des aspects variables.

La dépression

Qu'est-ce que c'est ?

Une dépression, ce n'est pas que du négatif, c'est un mécanisme d'adaptation du psychisme face à une situation de stress prolongé. Selon les vétérinaires, elle existerait également chez d'autres mammifères. La période dépressive est une forme d'hibernation. C'est une mise au ralenti de toutes ses activités physiques ou mentales. On n'est plus disponible pour de nouveaux investissements dans quelque domaine que ce soit, car cela nécessiterait une énergie que l'on n'a plus, et celle-ci est en effet tout entière utilisée pour le rétablissement psychologique et affectif de la convalescente. Le psychisme fonctionne à l'économie. Il se met en pause le temps de panser ses plaies ou attend des jours meilleurs. On observe un ralentissement moteur, avec un état de fatigue persistant obligeant à un isolement social, à une attitude de repli sur soi. Les relations sont évitées car elles demandent également un effort. On néglige sa mise. Il y a aussi un ralentissement mental : on est moins performant, moins attentif, on se fatigue vite intellectuellement, et l'on a du mal à se concentrer. On se décourage promptement. Les centres d'intérêt se réduisent, l'appétit aussi, et l'on perd du poids. L'humeur est morne et chagrine, ce qui pousse à rester seule et à ne faire que le minimum. S'y associent souvent une perte de confiance et d'estime de soi pouvant aller jusqu'au dégoût de soi et de son propre corps, ainsi qu'une vision pessimiste de l'avenir.

Il y a une traduction neurobiologique de l'état dépressif avec notamment une baisse de la sécrétion de dopamine et de sérotonine[1] dans le cerveau qui induit ce ralentissement global.

Sur un plan psychanalytique, la majorité des dépressions correspond à un sentiment de perte. Perte d'un emploi, perte d'un amour, éloignement ou décès d'un ami ou d'un parent, déménagement, perte de la vie d'avant, qu'elle fût agréable ou non, perte de soi-même (dépression de l'adolescent qui perd l'enfant qu'il était, dépression de la quarantaine), perte de ses capacités (maladie, handicap, vieillesse), etc. Dans notre sujet, la perte est réelle, c'est celle du fœtus. Mais elle est aussi en partie imaginaire, c'est la perte de l'enfant qu'il serait devenu et du sentiment de ne faire qu'un avec lui. Elle est également symbolique : c'est la

1. La dopamine et la sérotonine sont des neuromédiateurs qui induisent un état de bien-être et d'élan vital. Les médicaments antidépresseurs agissent en augmentant leurs taux.

perte du statut de mère au sein de sa famille et de la société. C'est aussi la perte d'un espoir, d'un rêve et du bonheur engendrés par ce début de grossesse. C'est la perte d'un avenir, quand la perte des parents est celle d'un passé.

Dans les formes de dépression majeure, la femme est atteinte dans son narcissisme, c'est-à-dire dans toutes les formes d'attachement qu'elle porte à elle-même et qui composent son envie d'exister. C'est sa propre personne qu'elle a le sentiment d'avoir perdue. La dépression n'est donc pas anormale dans ce contexte de perte d'un enfant à naître ; elle correspond à la cicatrisation et à la récupération naturelle qui fait suite à une perte de soi ou d'une partie de soi. Car toute perte fœtale est une amputation puisque, on l'a vu, le processus de nidification psychique fait que la mère intègre à sa propre image celle de ce corps étranger. Ce qui se vérifie également sur le plan biologique, puisque ce corps étranger est accepté par les anticorps de la mère. Le fœtus fait donc corps avec elle.

Cette partie « fœtale », nouvellement intégrée par la femme, vient quelquefois combler des manques de nature diverse. C'est cette partie que la femme va charger affectivement d'imaginaire et de symbolique, guidée par son histoire, ses attentes, et la nature de son lien avec le père. La perte d'un enfant correspond alors à une perte d'estime de soi puisque la femme perd sa compétence à devenir mère. Elle ne se fie plus à son corps, et si on lui parle d'anomalie fœtale expliquant la fausse couche, elle entend qu'elle n'est pas apte, n'a pas de gènes ou un moule assez bons pour « fabriquer » un bébé.

À chacune sa façon de déprimer

Le tableau dépressif diffère aussi en fonction des personnalités ou de la culture d'origine.

Certaines femmes déprimées vont faire preuve de nervosité et d'agressivité vis-à-vis de leur entourage proche ou lointain. Le ralentissement est ici remplacé par une certaine excitation, façon inconsciente de résister au vécu de passivité de la dépression. Ces femmes luttent contre leur état dépressif, elles s'emportent pour ne pas sombrer dans l'apathie.

La dépression peut aussi se traduire par un pseudo-état euphorique, accompagné d'agitation, de suractivité, d'engagement dans des projets divers et de dépenses inconsidérées. Souria : « Après ma fausse couche, j'ai été prise d'une frénésie d'achats ; je me suis acheté une tonne de vêtements dont je n'ai su que faire ensuite. » On parle alors d'accès hypomaniaque qui, s'il semble contraire à la dépression, constitue en fait l'autre face de la même pièce.

Chez d'autres, ce sont des plaintes somatiques qui vont dominer le tableau : maux de tête, de dos, mais surtout maux de ventre et du bas-ventre, en particulier. Ces somatisations dépressives se rencontreraient plus volontiers sur le pourtour méditerranéen. À noter que la dépression du jeune enfant s'exprime aussi par l'intermédiaire de plaintes corporelles. Serait-ce une façon de s'identifier à l'enfant perdu ?

Certaines conséquences psychosomatiques s'expriment aussi par des prises de poids anormales, comme une réponse alimentaire à l'anxiété (aliment-pansement), à la dépression (besoin de se remplir face au sentiment de vide), ou bien comme un mécanisme inconscient de poursuite imaginaire de la grossesse.

À la place de la tristesse, certains femmes vont ressentir un sentiment de persécution. On les critique, on leur en veut, on les déprécie, se persuadent-elles. Cela prend parfois l'apparence d'un délire de persécution, mais les traitements médicamenteux antidépresseurs sont très efficaces sans qu'il y ait besoin d'avoir recours à des médicaments antidélirants [1]. Dans la dépression dite classique, la menace est perçue à l'intérieur de soi (on se sent pénible pour les autres, nulle, indigne, sans intérêt) ; ici, au contraire, la menace est perçue à l'extérieur. Cette forme particulière de dépression se rencontre volontiers en Afrique subsaharienne.

Marie-Joséphine a quitté son pays, la République Centrafricaine, et sa famille. Elle vit aujourd'hui à Paris où elle travaille dans un salon de coiffure. Elle a eu une fausse couche à trois mois de grossesse : la troisième en moins de deux ans. Elle craint de ne pouvoir donner un enfant à son mari français. Au bout d'une

1. Neuroleptiques.

quinzaine de jours, elle a commencé à s'enfermer chez elle. Peu à peu le sommeil l'a quittée, elle est devenue irritable. Son mari constata qu'elle priait de plus en plus et qu'elle semblait avoir des visions. Il réussit à la convaincre de consulter. Marie-Joséphine me confia, avec difficulté, qu'elle était victime d'un sortilège à l'origine de ses fausses couches et l'empêchant d'avoir des enfants. Elle soupçonnait une proche parente restée au pays, jalouse d'elle en raison du beau mariage qu'elle avait fait, de l'avoir maraboutée.

La prise en charge que je lui ai proposée, doublée de l'action du marabout qu'elle consulta à Paris, lui permit de retrouver la sérénité. Devant les fausses couches à répétition, le gynécologue entreprit un bilan poussé et décela une infection génitale chronique (que Marie-Joséphine interpréta comme la conséquence de l'envoûtement) qu'il traita sans pour autant affirmer le lien avec les fausses couches. La fin de l'histoire est heureuse puisque j'ai reçu récemment un faire-part de naissance d'une petite Désirée.

Le réveil de douleurs passées

Cet état dépressif s'installe brutalement ou progressivement et son intensité est variable. Certains symptômes, parmi ceux cités plus haut, sont plus ou moins présents au cours de l'évolution. On peut rester longtemps prisonnière de cet état dépressif, période durant laquelle le besoin d'être aimée est aussi intense que l'incapacité à demander à l'être. Si on a besoin d'être aidée, on fuit les autres car on pense que personne ne peut rien pour soi, parce qu'on se croit indigne d'attention, ou parce qu'on est devenue méfiante. Cette défiance a aussi comme fonction de se mettre à l'abri d'autrui tant que l'on ne se sent pas en état de se défendre.

La durée de l'épisode dépressif est très variable d'une femme à l'autre : de quelques semaines à plusieurs années. Cet état dépressif, quoique logique, nécessite cependant d'être accompagné, voire traité pour qu'il ne se chronicise pas, et que la cicatrisation se fasse sans anomalie. Une cause fréquente de prolongation, ou d'intensification, de cette période dépressive est le réveil de douleurs passées qui n'avaient pas, jadis, été prises en considération. On a vu qu'un deuil périnatal pouvait ouvrir des failles dans la mémoire des personnes touchées, et mettre en lumière des douleurs de perte enclavées. Les racines du mal trouvent alors leur source dans le terreau de l'enfance. Si la tristesse refuse de vous quitter, il importe donc de chercher dans le passé d'autres causes à vos larmes. Il faudra aussi consoler la petite fille qui pleure en vous pour vous libérer.

Dorothée n'arrivait pas à guérir du chagrin d'une fausse couche survenue quelques années auparavant. Elle avait un travail qui lui convenait, une vie de famille satisfaisante (après sa fausse couche trois enfants étaient nés, et qu'elle élevait avec leur père), une vie sociale agréable. Mais la pensée de cette fausse couche revenait plusieurs fois par mois comme autant de coups de couteau. Elle n'en parlait à personne, mais elle gardait en permanence cette « écharde » qui lui gâchait son bonheur de vivre. C'est à l'occasion du suivi de son dernier enfant pour un problème bénin de pipi au lit qu'elle m'en parla quand je la questionnai sur ses antécédents. Nous comprîmes ensemble que cette perte avait réveillé une perte plus ancienne. Âgée de cinq ans, elle jouait à langer son baigneur quand ses parents l'avaient interrompue : « On a quelque chose à te dire. Ton père et moi allons divorcer. Papa va aller vivre ailleurs. » Son baigneur lui est tombé des mains. Et avec lui, sans doute, l'enfant imaginaire qu'elle avait eu avec son père qui « la » quittait. La fausse couche de sa première grossesse est venue dramatiquement faire écho à cette première perte. Grâce à ce travail, le chagrin épargna désormais Dorothée de ses coups.

Des os fracturés, non soignés, non plâtrés, se ressoudent tout de même, mais au prix de déformations et de torsions. Ces dommages gêneront ensuite pour toujours la mobilisation du corps. De même, il est des guérisons spontanées de dépressions suite à des pertes fœtales, mais qui se font aux dépens de la personnalité antérieure. Il fallut presque deux années pour que Karine guérisse de sa douleur après l'avortement spontané de son « bébé » de cinq mois. Mais cela ne put se faire qu'au prix d'une transformation radicale de son caractère. Elle, si légère, si pleine d'humour, si tolérante devint quelqu'un de rigide, d'autoritaire et de froide. Pour ne plus souffrir, elle avait éteint définitivement toute sa sensibilité. Brisé, son cœur d'or était devenu de pierre.

Cette perte peut venir s'ajouter à d'autres problèmes antérieurs, par exemple des problèmes de couple qu'elle vient révéler ou symboliser. À la dépression peuvent s'ajouter ensuite des troubles graves de la personnalité, à l'image de cette jeune femme dont la fausse couche fut le déclencheur d'un processus délirant qui révéla un état schizophrénique quiescent.

Effets positifs ou mortifères

Mais, de la dépression peuvent naître quelques effets positifs. C'est l'occasion pour certaines femmes de porter un regard nouveau sur elles-mêmes, sur leur mode de vie et le monde qui les entoure, à l'exemple de Charlotte : « Après ma fausse couche, j'ai traversé une période de dépression. Cela m'a fait prendre conscience que je ne menais pas la vie que je souhaitais. Je me suis éloignée de ma mère qui m'empoisonnait l'existence. J'ai changé de région et de métier. Mon compagnon m'a suivi. J'ai repris mon instrument de musique que j'avais abandonné à l'adolescence. Et je me suis trouvé de vrais amis. Aujourd'hui, guérie de ma dépression, je suis plus heureuse qu'avant. Et ça, je le dois à ce petit qui ne sera pas parti pour rien. »

Obligées de s'arrêter, elles ont enfin la possibilité de prendre du recul sur leur façon de vivre. « Ce qui ne nous tue pas nous rend plus forts », est un proverbe de Nietzsche très à la mode aujourd'hui. Il reflète bien cette nouvelle chance, ce rebond après un état dépressif grâce aux remaniements internes et à la possibilité de « repenser » des douleurs anciennes mal cicatrisées. Ce vécu dépressif rend certaines femmes plus accessibles et disponibles aux autres et à elles-mêmes. Ce sont celles qui avaient sur elles-mêmes un tel contrôle ou une vie si organisée qu'il n'y avait guère de place pour l'imprévu. La dépression leur confère une fragilité qui les rend plus humaines, et laisse paraître une vérité intérieure masquée par des comportements de façade qui n'avaient d'autre but que de les mettre à l'abri. La dépression oblige à et permet de lâcher prise. Et si c'était, pour ces femmes-là, la condition pour pouvoir enfin devenir mères ?

Enfin, en ce qui concerne les interruptions volontaires de grossesse, la dépression est bien moins constante et intense que lors d'avortements spontanés ou d'IMG. Elle est favorisée par un état de fragilité psychique antérieure à l'intervention ou par les conditions de vie qui l'ont motivée. Quand ils sont présents, les sentiments de tristesse, de regret ou de culpabilité peuvent cohabiter avec des sentiments positifs de soulagement ou d'estime de soi. Malgré la présence d'une éventuelle dépression, ces femmes maintiennent habituellement leur position quant au bien-fondé de leur décision.

À l'autre extrémité, la dépression est si intense dans certaines situations qu'elle balaie totalement le goût de vivre et obscurcit la pensée d'idées noires. Tout se passe comme si la femme s'identifiait au fœtus disparu. La question qui se pose alors, de façon inconsciente, est de savoir si elle veut partager le destin du fœtus défunt, ou si elle se décide à rester en vie et à rompre son lien avec lui. Pour cela, il faut que les satisfactions que procure la vie apparaissent suffisantes. Des pensées suicidaires peuvent suivre des pertes d'enfant à naître. Martine : « Après mon IVG, j'ai fait une tentative de suicide, avec des médicaments. Heureusement, la vie a été cette fois la plus forte. » Surtout si cette perte survient sur un terrain fragile et accentue une pathologie psychologique antérieure. Ainsi, une fausse couche peut renforcer une mésestime de soi ou le sentiment d'un avenir bouché déjà présents chez une femme. L'humeur dépressive est alors telle qu'elle pousse la femme à rompre totalement les amarres, y compris avec elle-même. Le détachement vis-à-vis des êtres et de ses centres d'intérêt en vient à concerner alors la vie elle-même. Et celle-ci ne tient plus qu'à un cordon, celui la liant au « bébé » disparu.

Rejoindre le bébé disparu

L'idée de se suicider n'est pas rare à l'occasion d'un état dépressif majeur. Elle ne s'accompagne pas nécessairement, loin s'en faut, d'une tentative de suicide. Quand c'est le cas, il s'agit alors souvent d'une prise médicamenteuse ou d'une phlébotomie (section des veines). « Je voulais guérir d'être en vie », me dit Naïma après une tentative de suicide faite à la suite d'une mort *in utero*.

Ces tentatives de suicide ne correspondent pas toutes à un vrai désir de mort. Mais elles témoignent d'un trouble de la relation avec soi-même. Parmi les raisons plus ou moins conscientes, il y a une volonté d'agressivité vis-à-vis de soi-même et parfois des autres, un appel à l'aide, un moyen de s'assurer de l'amour d'autrui, le désir de calmer ses angoisses ou sa peine, et aussi le souhait de rejoindre « celui qui n'a pas été », dans un processus d'identification au fœtus disparu. En effet, le corps maternel, théâtre de la mise à mort, peut demeurer captif de l'imago paralysante de l'enfant mort et devenir la tombe d'un deuil impossible[1]. L'idée ou la tentative de suicide est aussi une façon d'annuler ce qui s'est passé, de faire disparaître celle que l'on était, la femme-meurtrie-qui-se-sent-coupable, avec l'espoir déraisonnable de redevenir

1. Claire Squires, « L'ombre de l'enfant non né sur la grossesse suivante », *Cliniques méditerranéennes*, n° 69, 2004, p. 269-288.

quelqu'un d'autre, vierge de toute douleur. La tentative de suicide peut se comprendre comme une condamnation à mort de son propre corps, rejeté comme incapable d'être celui d'une « bonne mère ». C'est un moyen imaginaire d'en changer, une sorte de mue. Le refus de son corps peut traduire une tentative de fuir cette parentalité mortifère. Confrontées à l'angoisse de mort, ces femmes qui passent à l'acte vont chercher parfois un affrontement mégalomaniaque avec la grande Faucheuse, dans l'espoir, bien sûr, de remporter la victoire et donc de survivre à cette quasi-mise à mort.

La tentative de suicide n'est pas toujours associée à un état dépressif. C'est aussi un moyen de se battre contre le vécu dépressif, de retrouver l'illusion d'une maîtrise totale sur soi, de se reprendre en main dans un processus actif, quitte à ce qu'il soit fatal.

Bien sûr, les antécédents personnels de troubles psychologiques, les facteurs environnementaux ou familiaux néfastes (mauvaise insertion sociale, dysfonctionnement familial, séparation en cours) vont augmenter les risques. Des études finlandaises [1] ont mis en évidence une majorité de suicides chez les femmes

1. M. Gissler *et al.*, « Suicides after pregnancy in Finland, 1987-1994 : register linkage study », *British Medical Journal*, n° 313, 1996 ; M. Gissler *et al.*, « Pregnancy-associated deaths in Finland 1987-1994 », *Acta/Obstetrics and Gynecology Scandinavi*, n° 76, 1997, p. 651-657 ; M. Gissler *et al.*, « Pregnancy-associated mortality after birth, spontaneous abortion, or induced abortion in Finland, 1987-2000 », *American Journal of Obstetrics and Gynecology*, n° 190, 2004, p. 422-427.

ayant eu une IVG, *versus* la population générale, mais ce taux a davantage été attribué à la situation préalable motivant la décision d'avorter qu'à l'acte lui-même.

Plus fréquente que les idées suicidaires, l'anxiété est souvent présente aux côtés de l'état dépressif. Elle témoigne plutôt d'une dynamique inverse de celle des idées suicidaires. En effet, malgré son caractère pénible, elle traduit un véritable ancrage dans la vie puisque les fondements de toutes ces craintes, c'est de la perdre.

Les craintes

Les craintes prennent parfois la forme d'une forte angoisse quand il y a eu une mort *in utero*. Justine : « Le bébé était mort depuis trois semaines avant le curetage. Le plus dur fut de me dire que j'avais la mort en moi au lieu de la vie. » Léa est entrée dans une colère noire quand l'équipe médicale lui a dit d'attendre l'accouchement spontané de son fœtus mort *in utero* à trois mois. Elle a obtenu qu'il soit évacué médicalement le plus tôt possible. L'idée de porter la mort en soi, de se représenter son ventre comme une tombe, de se vivre comme mortifère, est source d'une angoisse très vive chez les femmes.

Une fois le fœtus ou l'embryon éliminés, la principale crainte est de ne plus pouvoir donner la vie. Tatiana, qui a eu depuis sa FC le bonheur d'avoir un enfant, me confie qu'elle a longtemps eu peur de ne pouvoir être enceinte de nouveau. Elle se souvient de cauchemars répétés où elle était dans un hélicoptère, et l'enfant qui l'accompagnait tombait au sol.

Cette crainte, qui vient par vagues durant la période dépressive, peut avoir des traductions physiques : des difficultés à s'endormir, des palpitations ou des maux de ventre. La crainte paralyse, incite au repli sur soi et conduit à l'isolement. Car elle a une fonction, celle de se mettre à l'abri en attendant d'être de taille à affronter la vie sociale. Mais la crainte peut aussi donner des ailes et allouer aux femmes une énergie qui contrebalance leur abattement en les poussant à s'ouvrir à une nouvelle vie.

Le temps n'arrange-t-il pas toujours les choses ? dit-on. Bien au contraire, les sentiments d'anxiété et de dépression peuvent s'aggraver avec le temps ou du moins persister en l'état. Selon une étude récente, 68 % des femmes qui vivent une telle expérience appréhendent encore une fausse couche deux ans après la perte. Leur niveau d'anxiété serait comparable à celui des femmes infertiles. Le fait qu'elles puissent encore être enceintes ne réduit pas leur stress, puisqu'elles sont envahies par la peur de ne pas pouvoir mener une grossesse à terme.

Dans ce domaine, la meilleure façon de se débarrasser de cette crainte est d'y faire face. Confrontez-vous mentalement à elle. Pour éviter la peur de ne pas avoir d'enfants biologiquement, acceptez-en l'idée mentalement. Imaginez comment vous pourriez compenser ce manque. Quelle pourrait être une vie de femme différenciée d'une vie de mère ? Imaginez-vous adoptant un enfant, par exemple. Vous serez surprise de constater que la vie peut toujours reprendre le dessus.

« Quand j'ai eu ma troisième fausse couche, me confie Olivia, j'ai cru que je n'arriverais jamais à devenir mère et que ma vie perdait son sens. D'autant que, d'après les médecins, il n'y avait pas de causes médicales et donc, selon leurs dires, rien à faire. J'ai connu alors une période de repli sur moi durant laquelle j'ai fait le bilan de mon existence. Et j'ai constaté qu'il y avait beaucoup de choses qui ne me convenaient pas. J'étais avec un homme que je n'aimais pas vraiment. Je l'avais épousé davantage pour ce qu'il représentait que pour ce qu'il était. Mais surtout parce qu'il était le contraire de ce que je détestais, plutôt que ce que j'aimais. J'habitais dans une ville qu'il avait choisie, mais où je ne m'étais jamais sentie chez moi. Et mon travail ne me passionnait pas. J'ai quitté cet homme, je suis retournée vivre en Auvergne où je suis née, et j'y ai trouvé un emploi dans un domaine qui me correspondait mieux. Aujourd'hui, j'ai un nouvel ami. On commence à parler d'enfants. Je n'ai plus peur de ne pas devenir mère, car je suis déjà la femme que je voulais être. Ce n'était pas le cas auparavant. Je sens au fond de moi que c'était le préalable pour devenir mère. Je sens que le prochain bébé se sentira bien en moi et n'aura pas envie de me quitter prématurément, car je me sens bien mieux à l'intérieur de moi. »

Le déni, la colère, la dépression et son cortège d'anxiété et de culpabilité peuvent s'inscrire dans un travail de deuil, c'est-à-dire dans un processus psychique qui fait suite à une perte signifiante et qui permet une cicatrisation sans entraves. Voyons les spécificités de ce type de deuil qu'est le deuil périnatal.

Faire son deuil

Le deuil, écrit Freud, est « la réaction à la perte d'une personne aimée ou d'une abstraction mise à sa place [1] ». Dans les situations qui nous intéressent ici, le deuil concerne le fœtus quand il est considéré comme un enfant. Mais ce fœtus peut être vu comme une abstraction, d'autant que la date des dernières règles est récente. En ce cas, il s'agit de l'abstraction du statut de mère, du représentant de l'amour au sein du couple (comme Stéphanie, qui tenta par son avortement de ne garder aucune trace de l'homme qui l'avait quittée) ou, plus simplement, d'une abstraction mise à la place de l'enfant idéal à naître. On perd un futur enfant, mais on perd aussi la mère qu'on aurait pu devenir. Le vécu parental du deuil qui suit la mort d'un bébé

1. Sigmund Freud, *Deuil et Mélancolie* (1917), in *Métapsychologie*, Paris, Gallimard, 1985.

non né est un sujet très mal connu. D'autant moins connu que, jusqu'à une période récente, il a fait l'objet d'un véritable déni de la part de beaucoup de cliniciens.

Toute perte d'un enfant à naître n'engage pas nécessairement la femme dans un processus de deuil. Certaines ont peu ou prou de manifestations. Et d'autres ont des symptômes parmi ceux cités plus haut, mais qui restent isolés et qui ne s'inscrivent pas obligatoirement dans une étape d'un deuil. Parfois même, la souffrance est absente. Pour Lucie, cette seconde fausse couche contrarie son projet d'avoir un deuxième enfant, mais elle ne considère pas avoir « perdu de bébé ». « Pour moi, dit-elle, ça m'a fait comme si j'avais eu la grippe. »

Le deuil qui suit une fausse couche peut être aussi facteur de croissance. C'est le cas de Martina qui a grandi avec la menace de la mort de sa sœur leucémique. Martina devait être celle qui représentait la vie et sur laquelle pesait le devoir de transmission familiale. Cet avortement la libéra de ce poids. Perdre est aussi un moyen de se trouver. Bien qu'il n'y ait pas de règles strictes en ce domaine, on conçoit qu'un avortement spontané tardif, alors que le fœtus est avancé en mois et que la future mère l'a psychiquement investi, va provoquer un état de deuil. Tandis qu'une fausse couche très précoce ou une IVG délibérée pourront n'avoir que peu d'impact psycho-affectif chez la femme.

Différents modèles pour un même processus

Le deuil est une expérience universelle. Les psychiatres, depuis Freud, ont défini les comportements d'un deuil normal[1]. Différents modèles ont pu être proposés et se recoupent.

Pour les psychanalystes, le deuil correspond à une succession d'étapes que j'ai présentées ci-dessus. Il y a une phase de déni où l'on ne veut pas croire à la perte, suivie d'une phase de colère durant laquelle on en veut à une personne (par exemple, son mari), au monde entier ou à la destinée. Une phase de dépression, qui est la plus longue, accompagnée éventuellement de culpabilité, d'autodénigrement, de tristesse, de pleurs, de fatigue, de perte d'appétit, d'irritabilité, de désir de mort, de ralentissement moteur, de lenteur de l'idéation, de perte de mémoire, de difficulté de concentration, de troubles du sommeil, d'anxiété. S'ensuit une phase d'acceptation. Afin de retrouver le bonheur de vivre, l'ensemble de cette évolution doit se dérouler sans blocage dans l'une ou l'autre phase. Ce n'est pas la période la plus facile pour refaire un enfant. Cependant, une nouvelle grossesse menée à terme peut accélérer le processus de guérison. Il est rare que la durée de ce chemin de croix dure moins d'un an. Parfois deux ou trois années sont nécessaires. Certaines

1. Décrit dans la classification américaine des troubles mentaux, *Diagnostic and Statistical Manual*, (1994).

femmes peuvent rester bloquées à l'une des étapes et stagner dans un deuil qui ne s'achève pas.

Pour l'Américain Selby Jacobs [1], quatre périodes découpent une phase de deuil périnatal :

– la phase initiale de choc qui dure quelques jours. Lors de cette phase, la pensée est obscurcie, et un sentiment d'insécurité s'associe à une incrédulité quant à la réalité de l'événement. Des cauchemars sont possibles ;

– une période de détresse avec des pleurs, des pensées intensément douloureuses ;

– la dépression de deuil. Cela correspond au travail de deuil proprement dit. Des sentiments de tristesse, de regret, de culpabilité, de colère chez la femme se mêlent à des degrés divers. La dépression s'installe avec son cortège de désespoir, d'humeur morose, de ralentissement et de signes neurovégétatifs (maux de ventre, insomnie, douleurs somatiques, anxiété) ;

– la période de récupération. Elle peut survenir au bout de quatre à six mois. Mais c'est parfois bien plus tardif. Les symptômes de la dépression de deuil régressent spontanément. La perte est émotionnellement et intellectuellement acceptée. On peut enfin faire des projets dans un monde où l'objet du deuil est absent.

1. Selby Jacobs, *Traumatic Grief : Diagnosis, Treatment and Prevention*, Londres, Taylor and Francis Group, 1999.

Les deuils maladifs

Le deuil est un événement de vie qui met en jeu les capacités adaptatives de la femme sur un plan psychologique, social et biologique. Mais, comme dans d'autres situations, après la perte d'un enfant à naître, certains deuils sont considérés comme pathologiques dans leur forme comme dans leur durée. Déjà Freud écrivait que la perte d'un être cher « provoque chez de nombreuses personnes, pour lesquelles nous soupçonnons de ce fait l'existence d'une prédisposition morbide, une mélancolie au lieu du deuil[1] ». Certes, dans un deuil normal, il y a déjà des signes qui évoquent la « maladie » : un état dépressif accompagné d'un abattement douloureux, une perte des intérêts et une moindre aptitude à aimer, un ralentissement dans l'action, voire dans la pensée. Mais dans le deuil pathologique, il y a de surcroît une perte de l'estime de soi. On a vu que cette perte d'estime de soi touche la femme qui n'a pu être mère jusque dans son identité féminine.

L'intensité du deuil dépend de l'investissement particulier de chaque grossesse et de l'écho de pertes antérieures (décès d'un parent, par exemple), mais aussi de la capacité propre à chaque femme de le mener à son terme, et de l'aptitude de son entourage à l'aider en cela. Quand la perte n'est pas suffisamment reconnue, et que le deuil n'est pas accompli, il y a un risque

1. S. Freud, *Deuil et Mélancolie, op. cit.*

d'enkystement de l'enfant imaginé dans l'esprit de la mère, grevant sa liberté d'être.

Pour la psychanalyste Helen Deutsch [1], un deuil peut être pathologique par son absence de symptômes dépressifs qui sont remplacés par d'autres types de troubles [2]. Je présenterai un peu plus loin un exemple de troubles qui viennent remplacer un état dépressif. John Bowlby [3] décrit deux modes de deuil pathologique : l'un est caractérisé par une durée excessive et une intensité marquée, l'autre, par son absence. Dans ce dernier cas, le processus de deuil perd sa dynamique et reste bloqué dans la phase de déni, de colère ou d'auto-accusation.

Selon Melanie Klein, célèbre psychanalyste pour enfants, la capacité de surmonter les deuils, quels qu'ils soient au cours de la vie, dépend de la façon dont les premiers deuils de l'enfance ont été élaborés. Pour elle, ces « deuils de l'enfance » ne sont pas spécifiquement les décès survenus dans l'entourage, mais tous ces renoncements fondateurs auxquels chaque enfant est soumis durant son développement : le sevrage, l'autonomie sphinctérienne [4], la scolarité, l'acceptation des règles œdipiennes... autant d'épreuves maturantes qui sont à l'origine d'élans créateurs. Plus tard, les renoncements, les deuils de toute sorte, sont

1. Helen Deutsch, *La Psychanalyse des névroses et autres essais*, Paris, Payot, 1970, p. 194-202.
2. Qu'elle qualifie de névrotiques, narcissiques ou schizoïdes.
3. John Bowlby, *Attachement et Perte*, Paris, PUF, 1967.
4. Apprentissage de la propreté.

rendus possibles quand ils ont pu être expérimentés avec succès dans l'enfance. C'est pourquoi, en fonction de son histoire personnelle, une femme va surmonter plus aisément qu'une autre la perte d'un enfant à naître.

Plus près de nous, les Australiens B. Raphaël et W. Midleton[1] proposent trois types de deuil pathologique : le deuil absent ou retardé, le deuil inhibé et le deuil chronique.

Le deuil absent ou retardé se qualifie de la sorte au bout de quelques semaines. Il peut être remplacé par un syndrome post-traumatique, dont je parlerai un peu plus loin, où la perte de l'enfant à naître déclenche un véritable traumatisme psychique qui bloque le processus de deuil.

Le deuil inhibé s'exprime par des symptômes physiques (maux de ventre, troubles sexuels, etc.), des troubles du comportement (hyperactivité, isolement social, comportement autodestructeur, comportement vicariant), des auto-accusations permanentes, une hostilité franche ou masquée vis-à-vis de l'entourage. Il se manifeste aussi, on l'a vu, par des identifications au défunt dont on adopte certains traits de caractère, centres d'intérêt ou comportements. Si la femme s'identifie au fœtus, cela explique des comportements régressifs : maintien au lit, hypersomnie, retrait social, baisse des activités. Ou bien elle va vivre une grossesse virtuelle, avec plus ou moins de recul. Laurence a vécu

1. Cité par Marc-Louis Bourgeois, *Deuil normal, deuil pathologique*, Rueil-Malmaison, Doin, coll. « Références en psychiatrie », 2003.

douloureusement sa fausse couche : « Chaque semaine qui passe, on imagine que son corps se transforme, que les seins gonflent, que le ventre s'arrondit, mais ce n'est pas son propre corps qui se modifie ; c'est celui des femmes enceintes que l'on rencontre. On se dit : "Là, j'aurais des nausées. J'aurais du mal à marcher. Je le sentirais bouger. Tiens, il me donnerait un coup de pied. Il serait né cette semaine. » Parfois l'illusion est si forte que la femme sent une présence en elle. Je développerai ce point plus loin.

Enfin, le troisième type de deuil pathologique est le deuil chronique, celui qui se prolonge dans son intensité dépressive au-delà d'une année. Il s'enkyste, et le tableau clinique devient celui d'un état dépressif chronique.

Incorporer le fœtus disparu

Un deuil normal n'est pas une maladie. C'est un processus adaptatif humain. Il aboutit, quand il est mené à son terme, à l'acception de la perte. Accepter ne signifie pas oublier. Il s'agit surtout d'accepter de continuer à vivre, sinon comme avant, du moins sans handicap, c'est-à-dire sans renoncement, sans culpabilité, sans colère, sans somatisations, etc. Psychiquement, il procède d'un ensemble de remaniements psychologiques qui constituent le « travail de deuil ».

Le fœtus était investi d'énergie affective[1]. Quand il disparaît, une partie de cette énergie qui se dirigeait

1. Freud la définit comme la libido.

sur lui est libérée puisqu'elle n'a plus d'« objet ». Et elle se retourne alors sur le « moi [1] » de la femme. C'est ce qui explique, aux yeux des psychanalystes, le repli sur soi, le repli narcissique qui s'observe au cours d'un deuil. La femme se prend comme objet à la place du fœtus disparu. D'où le décrochage par rapport au monde environnant et le ralentissement des activités. Cette régression sur soi entraîne une identification au disparu. Une partie du moi du sujet devient objet, une partie de soi devient le substitut du fœtus défunt. Le travail de deuil doit aboutir au renoncement progressif de cette activité mentale de représentations liées au disparu, au profit d'une intériorisation de celles-ci. Il s'agit en fait de perdre l'objet et de le retrouver en soi.

Le travail de deuil, ce sont donc ces opérations mentales au cours desquelles l'embryon, le fœtus ou l'enfant qui devait être, sont incorporés mentalement [2]. Il y a « incorporation de l'objet » dans le moi, afin de conserver le lien et d'éviter la perte. Il est en soi, sans prendre la forme d'un corps étranger. Il est véritablement intégré au moi. Cela implique de fait une certaine modification de ce moi, qui est élargi à la

1. Dans la description freudienne de l'appareil psychique, il s'agit de la partie consciente de la personnalité.

2. On peut se permettre d'établir un lien entre ce processus mental d'incorporation psychique du défunt, selon les théories psychanalytiques – et qui fait, par exemple, que l'on va adopter certains traits de personnalité (réels ou supposés) ou de centres d'intérêt d'une personne défunte qu'on a beaucoup aimée –, et certains rites primitifs consistant à consommer un organe du défunt pour l'incorporer.

présence du disparu. Cependant, avec le temps, le moi élabore peu à peu la rupture et redistribue ses investissements. C'est-à-dire que la personne va réinvestir affectivement d'autres personnes et d'autres activités. Ainsi, un travail de deuil réussi permet à la fois de sauvegarder l'amour pour le « bébé » disparu et l'amour pour la vie.

Des rites pour le deuil périnatal

Afin d'aboutir à ce dessein, le deuil nécessite un accompagnement de la part de l'entourage et une reconnaissance par le corps social. C'est l'absence de cet accompagnement familial ou social, en cas d'avortement spontané ou provoqué, qui est, selon moi, à l'origine de deuils qui se font mal ou ne s'achèvent pas. La société, par ses rites funéraires, notamment, et ses rituels de deuil, aide l'individu à accomplir le travail psychique de deuil. Dans un autre registre, on sait que les rituels d'initiation aident les adolescents à accomplir les remaniements psychiques de passage de l'enfance défunte vers l'âge adulte à venir.

Les rites de deuil sont des rites de passage qui définissent une entrée et une sortie de deuil. Ils proposent un ensemble d'attitudes, de convenances, de cérémonials qui, par leur dimension symbolique, prennent en charge le travail psychique individuel. En France, ces rites, portés essentiellement par la religion, ont peu à peu disparu depuis la Seconde Guerre mondiale.

Or, ces rites ont une fonction déculpabilisante pour les proches, une fonction de protection du groupe célébrant la vie et l'union des survivants, et pour l'individu une fonction de reconnaissance de ce qui a été et qui n'est plus, de reconnaissance de la douleur surtout et des changements qu'elle va induire en soi. Aujourd'hui, ces rites ont disparu et c'est la médecine qui en assume une partie. D'ailleurs, c'est à l'hôpital qu'on meurt, comme c'est souvent là le lieu de la perte de l'enfant à naître. On est dans une forme de déni social, sinon de la mort, du moins de ses conséquences individuelles. Le paradoxe apparent est que jamais autant qu'aujourd'hui il est question de mort à la télévision, dans les fictions ou dans les reportages. C'est le spectacle de la mort, et en particulier des morts spectaculaires, qui occupe le devant de la scène, occultant un accompagnement de plus en plus sommaire des morts naturelles et des personnes endeuillées dans la réalité. Si les humains morts intéressent si peu le corps social, on imagine quelle place sera accordée aux disparus qui ne sont même pas nés ! La mort n'étant plus symbolisée par le groupe social, c'est donc seul que l'imaginaire individuel doit prendre en charge le travail de deuil.

En cas de deuil pathologique, tel que je l'ai décrit plus haut, une prise en charge spécialisée par un psychiatre ou un psychologue qualifié est nécessaire. En plus des soins, qui prendront en compte la personnalité sous-jacente de la femme, cette prise en charge fera office de modalité de reconnaissance sociale, ce qui permettra aussi au deuil de se faire. La médecine et la psychiatrie, en particulier, sont en effet de plus en plus sollicitées pour remplacer les rites sociaux de reconnaissance des deuils. Pour dire sa peine et afficher son deuil aujourd'hui, on ne porte plus de noir, mais on fait savoir qu'on est sous antidépresseurs. Nous verrons que dans les remèdes des deuils périnataux, notamment pour les fausses couches tardives, il faut réintroduire des rituels funéraires.

La date anniversaire

Que le deuil ait pu être élaboré ou non, cela n'empêche pas le souvenir. Le rappel de l'événement douloureux n'attend pas une date précise. Il se manifeste chaque fois que l'on croise une femme enceinte, une maternité, un nouveau-né, ou encore lorsque l'on entend un bruit d'aspirateur qui va faire écho à l'aspiration subie. Mais dans le cas d'un deuil accompli, quand le souvenir revient, il ne prend pas par surprise ; c'est habituellement à une date anniversaire précise. Cette date anniversaire, réelle ou supposée, réveille le souvenir douloureux en l'absence de toutes ces madeleines amères.

Les dates anniversaires, que ce soient celles d'événements heureux, tel un mariage, ou dramatiques, telle une fausse couche, reviennent à la mémoire de façon consciente ou inconsciente. Il n'y a que 365 jours dans une année, et il est courant qu'une de ces dates ait déjà un sens particulier : fêtes laïques ou religieuses, anniversaires dans l'entourage, commémorations diverses... Une de ces journées particulières va bien correspondre à la date de la fausse couche, ou encore à la date prévue de l'accouchement si la grossesse avait été menée à son terme. Une date en appelle une autre, elles se confrontent et se télescopent. La date anniversaire de la fausse couche va alors se greffer sur l'une de ces dates, car elle n'a pas de reconnaissance officielle. Tel un saprophyte [1], elle va vivre grâce à elle. Une date reconnue socialement vient héberger la date anniversaire invisible pour les autres et faire office de commémoration pour la femme ou le couple endeuillés. En l'absence de tombeau, c'est la date anniversaire qui joue symboliquement le rôle de lieu de recueillement. Elle empêche l'oubli, aussi craint que souhaité.

Golda : « Chaque année, le premier mai, je me dis qu'il aurait aujourd'hui tel âge. Alors je pense à lui. C'est drôle, j'ai toujours imaginé que ce serait un garçon. Ce jour-là est à lui. C'est son jour férié. Je me sens la mère d'un fantôme qui sort une fois l'an. » C'est habituellement un anniversaire en tête à tête avec elle-même. La femme l'évoque rarement à son entourage,

1. Soit un végétal qui tire sa nourriture de substances organiques en décomposition soit un micro-organisme qui vit aux dépens de matières organiques inertes.

de crainte de susciter des réactions négatives ou d'incompréhension. Parfois, le corps va le fêter à sa manière : certaines éprouvent des douleurs aux ovaires ou des gonflements mammaires.

À ces repères temporels s'ajoutent les circonstances, les faits, les lieux qui rappellent l'événement, comme la naissance d'un enfant dans l'entourage ou une hospitalisation.

Le poids de la date anniversaire est tel qu'il peut influer sur la naissance d'un enfant, qui risque en conséquence de faire office d'enfant de remplacement. En cas de deuil non fait, la femme va inconsciemment programmer la conception et l'accouchement du nouvel enfant pour cette date, que ce soit celle de la naissance prévue ou celle de la disparition du fœtus antérieur. Des études ont aussi montré que ces dates avaient une influence transgénérationnelle. En effet, devenues adultes, certaines enfants de remplacement (ou porteuses du fantôme de leur mère), mettent au monde des enfants à ces dates anniversaires, comme par loyauté familiale invisible.

« Il est encore là, je le sens »

Parmi les deuils pathologiques cités plus haut, il existe une forme de refus de la réalité, et on assiste à un remplacement des symptômes dépressifs par d'étranges somatisations. En effet, il n'est pas impossible que la souffrance psychologique se « concrétise » et soit à l'origine de symptômes physiques, comme chez Véronique, qui consulte pour des saignements gynécologiques importants. Son médecin diagnostique un fibrome. C'est une forme de tumeur bénigne de l'utérus. Véronique questionne alors sur l'origine possible d'un fibrome. Son médecin lui répond qu'on l'ignore, qu'il y a différentes hypothèses, comme une origine virale, mais aucune certitude. Véronique a sa propre réponse, mais elle la garde pour elle. Elle a eu une fausse couche deux ans auparavant, un souvenir terrible. D'autant que cela faisait suite à deux autres avortements spontanés. Elle en est certaine : à défaut de pouvoir garder un fœtus, son utérus s'est fabriqué cet amas de tissus. Comme une poupée de chiffon à son effigie.

On sait que la présence de fibrome, au même titre que des anomalies morphologiques de l'utérus, favorisent les fausses couches. Mais ne peut-on pas penser que des formes de somatisation intra-utérines, comme les fibromes, naissent du traumatisme de fausses couches ? Que ces fibromes incarnent les embryons trop tôt disparus ou leur créent une sépulture fibreuse ? J'ai rencontré des femmes qui refusaient qu'on les opère de leur fibrome malgré les conseils des chirurgiens. Serait-ce inconsciemment parce qu'elles y tiennent ? Comme on tient au souvenir d'un être disparu ?

Voici une autre situation de « bouche-deuil », où la somatisation rappelle la présence du disparu. Amélie me tend une lettre de son gynécologue. Je l'invite à m'exposer sa situation avant de la lire. « Je viens vous voir car il m'arrive quelque chose de bizarre. J'ai un enfant, dit-elle en posant la paume de la main sur son ventre. Je le sens bouger. Il lui arrive de me donner des coups de pied. » Son ventre est visible sous un pull qui moule son corps. Il est discrètement arrondi, ballonné, comme on peut l'être dans une suite de couches. Elle ajoute : « Je le sens et pourtant il n'est plus là. On me l'a enlevé. » Je décachette la lettre du confrère qui m'explique que cette dame a eu une première grossesse, que son fœtus est mort à vingt-deux semaines et qu'elle a bénéficié d'un curetage sous anesthésie générale. L'intervention s'est déroulée sans problème, mais elle est revenue le consulter avec ces sensations de présence en elle. Je la questionne sur le déroulé de l'histoire, et note ses réponses : « Je ne me souviens pas de l'opération, me répond-elle. J'ai dormi. Au réveil, j'étais dans les vaps. Ce bébé, c'était mon premier. Je me rendais à une visite pour une échographie. Une échographie précédente m'avait annoncé que c'était un garçon. J'étais heureuse. Mon mari également. Ce bébé était désiré comme personne ! Quand le médecin m'annonça que son cœur ne battait plus, il n'y eut plus de vie en moi. Il m'a laissé le choix : laisser faire la nature en absorbant des médicaments qui déclencheront les contractions, ou bien une intervention en clinique. Je ne sus que répondre. J'étais ailleurs. Me voyant incapable de choisir, il prit l'initiative de programmer l'intervention. J'ai repris mon travail après une semaine d'arrêt, car je tiens un commerce et je ne pouvais pas m'arrêter plus. Je veux bien croire qu'on me l'a retiré, pourtant je le sens. En fait, j'imagine qu'il y en avait deux. Bien sûr, on m'a refait une échographie de vérification. Il n'y a plus rien. Mais même si on ne le voit pas, je le sens en moi. Je crois que je deviens folle. Oui, c'est ça, folle de chagrin. »

Comment ce type de vécu est-il possible ? Il arrive que ces hallucinations cénesthésiques [1] prennent appui sur les mouvements péristaltiques de l'intestin. Ce fœtus perdu, elle l'a si intensément imaginé qu'elle l'a inscrit dans l'image inconsciente de son corps. L'image qu'on a de son propre corps est consignée dans notre cerveau. Elle l'est à deux niveaux : anatomique et symbolique. Dans le premier cas, les scientifiques parlent de schéma corporel. Le corps humain, dans sa totalité, est dessiné dans le cerveau par l'arrivée des nerfs de la sensibilité externe et interne. Ce schéma se situe dans une partie bien précise, le lobe pariétal. Il permet de visualiser son propre corps, d'en avoir conscience, de garder son équilibre et, grâce à ses perceptions, de le diriger de façon adaptée. Si on se pique le doigt, la zone correspondante dans le cerveau est stimulée et nous désigne l'endroit de la douleur.

À côté de ce schéma corporel existe ce que Françoise Dolto nomme l'image inconsciente du corps.

1. Perception fausse relative aux organes internes.

Tandis que le schéma corporel est similaire pour tous, l'image du corps est spécifique à chacun. En effet, elle est construite par notre vécu, nos désirs, nos émotions, notre imaginaire et par le sens privé que nous donnons à chacune des expériences où notre corps en est jeu. L'image du corps est en remaniement permanent tout au long du développement de l'enfant. Chaque personne ressent son corps en fonction de ses propres expériences émotives et des perceptions qui s'y inscrivent. C'est à travers l'autre que l'on se découvre dans une relation où les perceptions et les éprouvés émotionnels sont étroitement imbriqués. L'éprouvé de sa peau (son « moi-peau »), de sa cavité buccale (son « moi-bouche ») ou bien encore de sa vision s'installent par identifications successives, et, comme les pièces d'un puzzle, ces différents ressentis se relient les uns aux autres, formant peu à peu l'image corporelle. C'est grâce à cette « image du corps » que l'on se perçoit comme un tout, qu'on a le sentiment d'exister et d'être entier avec des limites propres, une pensée et des affects. Cette image du corps n'est pas une perception comme la vue ou l'odorat, c'est une représentation psychique dont les soubassements sont inconscients.

À l'adolescence, cette image du corps, comme le schéma corporel, subit un complet bouleversement. Dans ce chantier archéologique à ciel ouvert réapparaissent d'antiques images de soi à différentes périodes. La période œdipienne, entre 4 et 7 ans, est réactualisée, mais aussi d'autres plus archaïques encore, remontant aux toutes premières années. Ces remaniements des images de soi sont perturbants. Mais ils donnent à l'adolescence une nouvelle chance de les harmoniser et de les rendre plus cohérentes ou plus fonctionnelles.

Une grossesse, on l'a vu, est une autre occasion pour la femme de remaniements des images de soi : modification physique, modifications hormonales et changement de statut sont communs à l'adolescence et à la maternité. Le cas d'Amélie appelle deux possibilités d'explication. Il s'agit d'une reconstruction psychique post-traumatique où l'illusion a pris la place d'un réel destitué. Ceci afin de rendre supportable la perte. Ou alors, les remaniements de l'image inconsciente du corps ont fait réapparaître l'enfant imaginaire de la petite fille qu'était Amélie. Dans ce dernier cas, ce n'est pas le fœtus qu'elle vient de perdre qu'elle sentirait en elle, mais c'est le retour de l'enfant imaginaire qu'elle portait petite fille, et que cette grossesse a réveillé. Le fœtus dans l'esprit de sa mère a quelques traits de l'enfant imaginé que toute mère se représente consciemment durant sa grossesse. Les caractéristiques de l'enfant imaginé traduisent les désirs et les craintes conscientes de la future mère, et peuvent tenir de l'enfant imaginaire qu'elle avait en tête petite fille, quand elle s'imaginait mère en prenant plus ou moins modèle sur la sienne. Ces caractéristiques expriment aussi les désirs ou les angoisses inconscientes. Cet enfant imaginaire, présent dans l'esprit de la femme depuis la petite enfance, ne sera pas modelé par l'enfant imaginé au cours de la grossesse, car son interruption précoce n'en laissera pas le temps. Il ne sera pas non plus confronté à l'enfant réel puisque celui-ci n'existera pas, et ne va pas rester à l'état quiescent car il a été réveillé par ce début de grossesse et a commencé à prendre racine au sein de la femme. Il va donc croître en tant que représentation imaginaire et se développer dans l'esprit conscient et inconscient de la femme.

Un deuil pathologique nécessite la consultation d'un psychiatre ou d'un psychologue spécialisé. Un travail sur soi est utile afin que le deuil s'élabore au mieux. Voici quelques pistes qui aideront à guérir de la perte et à retrouver le plaisir d'être avec soi-même. Ils s'ajoutent aux conseils déjà donnés plus haut, quant au déni, à la colère et à la culpabilité.

Guérir de la perte

Une histoire d'amour

En cas de fausse couche, la femme se considère souvent en situation d'échec. Elle se sent responsable, au même titre que si elle échouait sur le plan professionnel. Ce sentiment est lié, on l'a vu, à l'illusion de maîtrise qui règne de plus en plus sur la procréation, née des progrès mêmes de la procréatique. Il est aussi lié, sur un mode moins objectif, à la croyance, issue de la petite enfance, qu'on « fait » un enfant comme on fait un « gâteau » ou une œuvre d'art. La femme a tendance à oublier que l'enfant se fait et se défait également lui-même, qu'il est partie prenante de son existence et de son devenir.

Le bilan établi après une fausse couche n'est envisagé que sous le prisme de l'échec. Doit-on juger toute histoire individuelle ou collective par sa fin ? On ne considère pourtant pas que la vie est un échec du seul fait qu'elle s'achève avec la mort ! Certes, il est indéniable que la vie de cet enfant potentiel n'a pas eu lieu. Mais la vie de ce fœtus a existé avec un début, un milieu et une fin. Évidemment, il n'a pas tenu sa promesse de donner un enfant, mais était-ce son désir ? Au fait, peut-on parler du désir d'un fœtus ou d'un embryon ? Un embryon de désir peut-être. Si l'histoire entre une femme et un fœtus a existé – et que cette femme y croyait, investissant, voire aimant ce fœtus promesse d'enfant, quelles que soient la durée de son existence et la façon plus ou moins triste de son achèvement – il ne peut être question d'échec. Il est plus juste de parler d'une histoire d'amour fulgurante entre deux êtres qui se sont connus intimement, sans jamais se voir ni se parler. Il s'agit d'une relation de chair, de sang, d'échanges entre deux êtres nourris ensemble, dormant, rêvant, se déplaçant ensemble, et qui s'achève par une séparation, et par la mort de l'un deux, comme dans les plus grandes histoires d'amour. Séparation désespérante, certes, mais satisfaction d'avoir été partie prenante d'une histoire d'amour au corps à corps, à la vie à la mort, dans une véritable relation fusionnelle. Aimer un enfant qui n'est pas né, ce n'est pas un échec en amour. Avoir aimé, qui que ce soit, comme avoir été aimé, c'est avoir été.

La souffrance qui fait suite à une telle perte est parfois si intense qu'elle anesthésie un temps le cœur de la femme. En conséquence, celle-ci a ensuite beaucoup de peine à bien aimer quiconque autour d'elle. Il arrive que des femmes, mortifiées par une telle perte, renoncent à toute nouvelle grossesse pour ne pas revivre une rupture. Elles ne laissent pas leur cœur se ranimer afin de ne pas prendre le risque de souffrir encore.

Faire son deuil après une fausse couche, ce n'est pas seulement dire sa peine, c'est aussi comprendre et faire connaissance avec ce que l'on pense avoir perdu, c'est faire en sorte que ce qui a été perdu, comme la peine qu'on en a, puissent être reconnus. Après une FC, on perd une partie de soi, mais on se retrouve aussi avec un « corps » mort à l'intérieur de soi, dont il faudra bien se débarrasser pour qu'un autre y prenne vie. Ce « corps » mort, c'est ce fœtus imaginé.

Certaines femmes vont essayer de nier la présence de ce « corps ». Elles vont, pour cela, brûler les échographies, jeter tous les objets achetés en prévision de cette future naissance, refuser de parler de cette grossesse interrompue avec qui que ce soit et, en particulier, avec la famille. Elles vont faire comme si cette FC n'avait pas eu lieu et dressent autour de ce « corps » une enceinte étanche. L'inconvénient de ce refoulement, c'est que le corps ne pourra jamais être expulsé symboliquement, et risque de handicaper grandement, comme tout poids mort, la vie affective et mentale de l'intéressée. Car beaucoup de fragments de vie, les souvenirs, les émois remontés à l'occasion de cette grossesse, risquent de s'amarrer à ce souvenir banni et de devenir inaccessibles. Souvent, toute pensée en lien avec l'enfance sera censurée, car elle pourrait mener jusqu'à l'absent. L'effacement de la mémoire de tout ce qui a été de près ou de loin lié à lui finit par représenter un nombre important d'octets [1]. En voulant ceinturer la douleur, elles risquent de se couper d'une partie importante d'elle-même. Sans compter qu'un jour, à l'occasion d'une période de fragilité psychique, la barrière peut lâcher et le « corps » mort resurgir avec toute son acidité.

Accepter la peine

Laissez plutôt s'écouler peu à peu votre peine. Ce ruissellement sera pénible mais salutaire. À l'extérieur, il sera apparent sous la forme des larmes. Biologiquement, pleurer libère dans l'organisme des molécules qui induisent un bien-être. Et psychologiquement, « les larmes du passé vont féconder l'avenir [2] ». Elles vont

1. Unité de mémoire dans le domaine informatique
2. Alfred de Musset, extrait de *Sur la naissance du comte de Paris*, in *Poésies nouvelles*, Paris, Flammarion, 2000.

drainer les espoirs déçus, les rêves de petite fille, les souvenirs traumatiques du passé, remontés lors de cette période de vulnérabilité psychologique qu'est la grossesse. Les larmes lavent le regard, comme des prismes qui permettent de mieux voir. Et notamment mieux voir qui l'on a été, qui l'on est et qui l'on veut devenir. Pleurer empêche d'oublier, évacue la souffrance salée pour ne laisser que le sucré en soi. Faire barrage à ses larmes, c'est prendre le risque de se noyer dans son chagrin.

Ne jetez rien dans un premier temps. Mettez ces photos et ces lettres dans des cartons, au fond d'un placard, à la cave, au grenier ou au garde-meubles, ou bien confiez-les à vos parents. Élodie : « Après ma fausse couche à quatre mois, j'ai tout conservé dans un coffret : ses échographies, une peluche qu'une collègue m'avait offerte peu de temps avant pour lui, le cahier de grossesse, comme je l'appelais, où je lui écrivais tout ce qui se passait quand j'étais enceinte, mon bracelet de l'hôpital, la rose blanche que mon mari m'a offerte quand je suis rentrée... C'est un peu sa petite pyramide avec son trésor. Je me suis fait tatouer un petit cœur juste au-dessus du nombril. Je voulais qu'il y ait une trace de lui sur moi. Et tant que je respirerai, c'est comme si je le faisais battre. »

La société n'aide pas à faire son deuil. Elle a remisé les rituels et les signes extérieurs de deuil. Or, toute perte fœtale est un deuil. « Tu en feras d'autres ! » assène-t-on en guise de réconfort. Ou encore : « S'il est parti, c'est qu'il n'était pas normal » ; « c'est mieux comme ça ». C'est vouloir faire croire qu'un enfant est un simple besoin qui se colmate aussi facilement que la faim ou la soif. Les larmes sont mal vues par l'entourage, particulièrement par le monde professionnel qui occupe de plus en plus le quotidien des femmes. Pour formuler sa peine, je l'ai déjà dit, la seule façon d'être entendue est de dire que l'on se fait suivre par un psychiatre ou un psychologue ou bien que l'on prend des antidépresseurs. Pour que le chagrin soit entendu et pris au sérieux par l'entourage, il faut le médicaliser ! Se dire sous médicaments a remplacé, dans le code de communication, les larmes ou les habits de deuil. Mais cette médicalisation est un piège car elle cautionne le désinvestissement de l'entourage de tout soutien : « Moi, je ne saurais pas t'aider, tu devrais voir un psy », s'entend-on dire en réponse à un simple besoin d'écoute et de réconfort. Les médecins eux-mêmes banalisent ce problème.

Ne renoncez pas pour autant à trouver des oreilles attentives. Une inconnue dans un café, étudiante ou retraitée, a parfois une belle écoute. Mettez-vous en jachère. Prévenez votre entourage que vous êtes malheureuse et que vous allez fonctionner au ralenti pendant un temps. Donnez comme consigne à vos proches de ne pas prendre ombrage de votre air taciturne et que vous n'avez rien contre le fait qu'ils vous maternent un peu. Car vous allez, bien sûr, accepter les mains tendues, les invitations à dîner, les sorties, mais en échange, vous demanderez l'autorisation de ne pas toujours être concernée par ce qui se dira ou se fera. Inutile de chercher à vous montrer forte, car on risque alors de nouveau de se reposer sur vous, et vous n'avez pas besoin de cela. Certes, s'occuper des autres permet de s'oublier et de moins souffrir en apparence, mais il ne faut justement pas vous oublier : différer sa souffrance n'a jamais permis de guérir. Si vous avez des enfants, n'hésitez à leur dire que vous allez être moins « présente » pendant quelque temps, plusieurs semaines ou mois, mais qu'après vous serez de nouveau la maman costaude d'autrefois, et peut-être plus encore. Si vous leur expliquez qu'un chagrin prend du temps pour guérir, ils le comprendront. Au contraire, si vous niez, ils sentiront votre état d'âme sans comprendre son origine, se croiront responsables parfois, et leur comportement pénible fera office de questionnement sur votre état. Ils y trouveront leur compte si vous leur donnez plus de responsabilités, ou si vous les confiez plus souvent à leur marraine (et à ses enfants si sympas), à leur oncle (qui a un écran géant à plasma) ou à leur grand-mère (qui fait de si bonnes pâtisseries). Encore une fois, n'écoutez pas votre propre raison, qui ne connaît rien à votre cœur, ni les « conseilleurs mauvais payeurs » qui vous poussent à toujours faire davantage, à aller de l'avant, à ne pas craquer et à refaire vite un enfant. Pause !

Quelle attitude doit avoir l'entourage ?

L'attitude de l'entourage joue un rôle fondamental dans la possibilité qui est offerte à une femme de surmonter une telle épreuve. Que faire face à celle qui vient de perdre son embryon ou son fœtus ? C'est moins compliqué qu'on pourrait le croire. Il faut en premier lieu présenter ses condoléances. Cette pratique est devenue presque désuète et pourtant elle a un effet apaisant immédiat. Présenter ses condoléances signifie qu'on accepte de souffrir avec la personne endeuillée ; c'est reconnaître la douleur. Il faut ensuite se montrer disponible pour écouter ou parler. Proposer d'accompagner, de consoler, donner son appui. Le silence n'est pas proscrit quand c'est la femme qui le réclame. Il convient de faire preuve d'empathie, c'est-à-dire de partager la douleur de celle qui souffre ; ce qui ne revient pas à imposer une autre douleur à celle qui a déjà la sienne ou à celle qui ne souffre pas. Car celui qui veut aider se trouve parfois confronté au déni de la douleur ; il s'agit de respecter cette attitude, tout en signifiant que l'on sait que, pour certaines femmes, la douleur existe après une fausse couche.

Il importe donc que l'entourage reconnaisse « qu'il s'est passé quelque chose ». Au sein de l'entreprise, on respectera le silence de la collègue qui ne souhaite pas être inscrite sur la liste des « fausses coucheuses » de la boîte. Mais on laissera la porte ouverte, en évoquant, par exemple, la fréquence des fausses couches, sans banaliser pour autant le fait. Pour aider une femme qui vient de perdre une promesse d'enfant, il faut accepter d'être touché par l'événement. Il faut aussi aider la femme à s'aider elle-même, en l'invitant à être à l'écoute de sa peine, mais aussi à retrouver le plaisir d'être avec elle-même.

Retrouvez le plaisir d'être avec soi-même

Vous avez affronté la colère, l'envie, la tristesse et son cortège de honte, de crainte, de doutes, de regrets et de remords. Vous avez quitté les bas-fonds de la dépression. Vous avez dorénavant bien identifié les différentes émotions qui ont tourbillonné en vous. Vous leur avez fait face, pour les comprendre, les cerner, les maîtriser, les apprivoiser, les utiliser ou pour vous en débarrasser. Vous avez fait votre deuil. Votre horizon émotionnel s'est éclairci. La joie, comme un soleil, peut de nouveau poindre en vous. À vous de l'aider à se maintenir et à resplendir comme jadis ou comme jamais. Connaître et reconnaître sa douleur la dissipe ; connaître et reconnaître sa joie la développe. Vous avez appris à relativiser et à faire la part des choses. Vous avez gagné en lucidité sur vous-même et sur les autres. Vous allez désormais pouvoir vous ouvrir aux autres. Mais, juste avant, il vous reste quelques exercices. Après avoir fait expirer votre douleur, il vous faut inspirer du bien-être afin de respirer la joie de vivre.

Pour ce faire, retrouvez le désir et vos désirs. Pour qu'il y ait du désir, Françoise Dolto préconise un appel au-delà du connu des habitudes. Aventurez-vous en dehors de vos habitudes. Laissez une place à l'inhabituel. Acceptez des invitations que vous refusiez simplement parce qu'elles allaient vous faire coucher tard ou parce que vous aviez des corvées en retard chez vous. Transgressez vos habitudes. S'épanouir, c'est découvrir des pouvoirs nouveaux. Expérimentez dans des domaines que vous ne connaissez pas. Essayez ! N'a de plaisir que celle qui s'en donne. Offrez-vous-en ! Faites-vous du bien en pensée comme en action.

Apprenez à vous materner. Cette dose d'amour que vous teniez prête pour un enfant, accordez-la-vous désormais, à l'enfant que vous êtes encore parfois, pour qu'elle ne reste pas lettre morte.

Retrouver de doux souvenirs, récents ou plus datés, des souvenirs canailles qui stimulent, des souvenirs tendres qui réchauffent, de drôles de souvenirs qui font rire avant que d'être heureuse. Certes, la mémoire est aux ordres du cœur, mais elle a sur lui un fort pouvoir d'influence : se souvenir de jolies choses le transporte. Souvenez-vous en vrac d'épisodes agréables de votre vie, tels qu'un compliment reçu mais inattendu, une réussite sportive ou scolaire, une fête mémorable, une occasion où vous avez eu très peur mais où tout s'est bien terminé, un épisode où vous avez résisté à des attaques, une première rencontre avec une amie, une guérison ou une bonne surprise.

Mais le cœur n'est pas seul. Le corps joue un rôle important dans le ressenti de la joie. C'est lors d'états de forte tension émotionnelle que la joie vous gagne le plus facilement. C'est le cas de ceux qui font de l'escalade et voient enfin le pic qu'ils visaient. C'est la joie de serrer dans ses bras celui qu'on aime après s'être sorti vivant d'un accident de voiture. L'activation physiologique décuple le ressenti émotionnel. Se faire embrasser en haut d'un sommet d'une montagne, après le vertige du téléphérique ou d'une marche cahoteuse, est émotionnellement plus fort que le même baiser au petit déjeuner dans sa cuisine. C'est pourquoi, pour retrouver la dynamique d'émotions positives, je vous conseille d'activer votre organisme. Du sport bien sûr, mais aussi toutes les activités qui vous feront vibrer (cinéma, bateau, planeur, discothèque, concert). Éveillez vos sens : sentez, goûtez, touchez, écoutez, observez ce qui se présente à vous et allez à la découverte de parfums, d'aliments, de matières, de musiques et d'images inédites. Allez vers le vivant.

Laissez la bonne humeur vous gagner quand elle se présente à vous. Il a été démontré qu'elle avait un impact positif en rendant plus altruiste, plus créatif, plus à l'écoute de l'autre, plus méthodique et plus courageux et qu'elle améliore le raisonnement et le jugement. Et peut-être a-t-elle une influence sur la fertilité ? Il faut, de façon volontaire au début, accepter de prendre plaisir aux différentes circonstances de la vie, en cessant de penser à hier ou à demain quand vous êtes en train de vivre un moment paisible ou heureux. D'avoir connu les rigueurs de l'existence doit vous rendre plus sensible aux joies simples. Le secret du bonheur est dans le mot même : bon et heure, autrement dit, goûter, toucher ou sentir ce qu'il y a de bon à chaque moment. Imaginez que vous êtes filmée et que votre vie est un film : cela permet d'accorder de l'importance à chaque séquence de la vie quotidienne.

Agissez sur votre environnement afin qu'il favorise l'installation de cette bonne humeur chez vous : soyez vigilante à votre santé, cultivez vos amitiés, améliorez vos conditions de travail et de logement (décoration, aménagement, ménage). Améliorez votre apparence (vêtements, coiffure, maquillage), même si le cœur n'y est pas tout à fait, car elle a un impact positif sur l'humeur. Enfin, pensez sérieusement à tout ce qui pouvait vous rendre heureuse avant ce drame. Pour atteindre le bonheur, il faut l'inventer. Recherchez les occasions de joie, de bien-être ou de bonheur que vous avez laissé échapper dans votre existence ; quels auraient été les moyens de les retenir ? Ne résistez plus au bonheur. Ce n'est ni futile, ni égoïste. Déculpabilisez-vous d'être heureuse sans cet enfant. Cessez d'expier. Votre malheur n'est utile à personne. Acceptez de vous aimer à nouveau ne peut être que bénéfique, qu'il vous soit ou non possible d'enfanter un jour.

Grâce à ce travail personnel dont je viens de tisser quelques fils, grâce au soutien de l'entourage familial et amical, grâce à un éventuel accompagnement médico-psychologique, la réparation est possible.

La réparation

Heureusement, dans la majorité des situations, les différents symptômes que j'ai décrits sont transitoires : ils durent de quelques semaines à quelques mois. Et le rétablissement est rapide. En fait, chaque histoire est unique et chacune a ses aptitudes personnelles pour se réparer. Il est fait appel aux capacités de résilience propres à chacune. Après une FC, il faut accepter d'être fatiguée et d'être triste. Un arrêt de travail de quelques jours est souvent proposé. Si c'est le cas, il vaut mieux l'accepter. C'est une façon de dire à l'entourage qu'on est affaiblie, et que ce qui est advenu est un événement grave. Concernant le cas particulier des IVG, il a été fait état, lors d'un symposium qui réunissait différents professionnels sur ce thème à Berne en mai 2001, qu'après six mois, il y aurait seulement 11 % des femmes qui présenteraient des perturbations psychologiques repérables. Pour se rétablir lors d'un deuil périnatal, la femme va donc faire appel à ses ressources personnelles et à son entourage.

Margaux qui a eu une fausse couche tardive : « Je me dis que s'il est parti c'est qu'il n'était pas prêt à naître. Je préfère qu'il en soit ainsi plutôt que de le voir naître avec des problèmes physiques ou psychologiques. Les présences de mon mari et mon fils de quatre ans m'ont permis de supporter cette situation. Ma gynécologue m'a aussi bien soutenue et m'a assuré que je pourrais bien vite retomber enceinte. Sa prédiction était bonne puisque ce fut le cas un mois plus tard ; et aujourd'hui j'ai une fille de deux ans. Mais j'ai pris garde à ne pas la confondre avec celui qui est parti. »

Jessica : « Je recommence à apprécier la vie à sa juste valeur après le curetage que j'ai subi, il y a deux semaines. Quand on m'a dit que son cœur ne battait plus, j'ai cru mourir de chagrin. Je m'en suis voulu d'avoir trop fait de voiture, de ne pas avoir un peu lever le pied. Mais j'ai été bien entourée. Mes frères et sœurs m'ont bien soutenue. Ils ont tous pleuré avec moi. Mon mari a pris une semaine de congé pour rester à mes côtés. J'ai l'impression que cette épreuve a renforcé notre amour. »

Le temps est nécessaire à la réparation. Pour réparer la perte passée, il faut « bien employer le présent et ne souhaiter l'avenir que pour en faire un bon usage [1] ».

Lilie : « J'ai été mal après mon IVG pendant plusieurs semaines. J'y pensais tous les jours. Je pleurais à chaque fois que je croisais une femme poussant un landau. Je zappais quand je voyais des bébés à la télé. J'ai été bien entourée. Mon compagnon, mes amies et surtout mon forum de discussion sur le Net m'ont énormément aidée. Peu à peu, mes larmes se sont

1. Chevalier de Méré, *Maximes, sentences et réflexions morales et politique*, Paris, Éd. du Castin, 1687.

taries, et mes idées ont perdu leur noirceur. Un an plus tard, après avoir cru que je ne m'en remettrais jamais, j'étais guérie. Je ne regrette rien. »

L'acceptation de la réalité, du destin, de la fatalité, de la vie telle qu'elle est, s'observe chez des femmes qui ont le renoncement serein, et qui voient les événements de la vie comme des signaux qui les guident. Ainsi, pour Christelle, son fœtus arrivé trop prématurément pour être viable, a été le messager, le héraut de la fin d'un cycle de vie. « J'avais 43 ans. Après ma troisième fausse couche, coup sur coup, j'ai compris qu'il était trop tard pour moi d'être encore mère de façon naturelle. Malgré la présence de règles régulières, mes ovaires ne remplissaient plus leurs devoirs. Ils faisaient l'école buissonnière. Peut-être, me suis-je dit alors, pourrais-je en faire autant ? et, maintenant que ma fille est grande, profiter plus largement de ma vie de femme ? »

Nadine : « Mes amies m'ont conseillé de refaire tout de suite un enfant. Mais j'ai préféré attendre. J'avais besoin de temps pour me réparer. Je voulais être dans un nouveau projet et pas dans une nouvelle tentative. Je voulais faire et non pas refaire. Je ne voulais pas battre le fer quand il est encore chaud. Au contraire, je voulais redevenir fraîche. »

Donner un sens à l'inacceptable est un moyen de se réparer. Marie-Céline : « Quand j'ai accouché un an après ma fausse couche d'une adorable petite fille, je me suis dit que mon premier bébé n'était pas mort pour rien. C'était l'ange qui m'annonçait la venue de ma fille. »

Les témoignages de femmes indiquent aussi que la réparation de la douleur psychologique d'une FC ou d'une IVG, que cette douleur disparaisse, s'atténue ou qu'elle soit refoulée au cellier de la mémoire, est souvent contemporaine d'une nouvelle rencontre amoureuse ou d'une grossesse menée à son terme. Karina : « J'ai guéri de ma peine en refaisant un bébé. Car il m'a réparée de l'intérieur. » Il s'agit de l'effet réparateur de la poursuite de la vie, de la réapparition de l'amour et de ses fruits. Cependant, on peut penser à l'inverse que c'est la dissipation de la douleur qui rend possible un renouveau amoureux et procréatif.

Aussi paradoxal que cela puisse paraître, une nouvelle IVG peut être aussi réparatrice ! En effet, c'est le cas quand la douleur psychologique est liée au mauvais souvenir de l'intervention proprement dite. Juliette : « J'ai eu deux IVG. La première, j'étais jeune. Ça s'est fait par aspiration. J'en garde un horrible souvenir. Le médecin me poussait à accoucher sous X, et je me suis sentie coupable de refuser. Personne ne m'a soutenue moralement. J'étais seule au monde. Cinq ans plus tard, ce fut exactement l'inverse. Le personnel à l'hôpital été chaleureux et compréhensif, le psychologue apaisant, et mon mari était là. Presque pas de douleur. Bref, c'est comme si la seconde intervention avait réparé la première. »

La réparation passe parfois par un changement de mode d'existence. Une FC ou une IVG peuvent être des événements de vie suffisamment marquants chez une femme, symboliquement et imaginairement, pour occasionner une remise en question de ses choix de vie. Que ces remaniements fassent suite ou non à un état dépressif. « Après ma FC, nous dit Odile, j'ai mis un frein à mes ambitions professionnelles. J'ai voulu trouver un sens à ma vie qui aille dans le sens de la vie. Alors que j'avais programmé un seul enfant, j'ai décidé d'en avoir plusieurs, et de me rendre plus disponible physiquement et mentalement pour ces futures réalisations. En attendant, je me suis davantage intéressée aux enfants des autres et au domaine de l'enfance. J'ai d'ailleurs quitté l'industrie du luxe où j'étais cadre supérieure pour un temps partiel dans un groupe d'édition pour la jeunesse. Heureusement, mon mari m'a soutenue dans ces projets. »

Le soutien de l'entourage et du conjoint, le temps qu'on s'accorde pour dire sa peine, et ne pas chercher à remplacer un enfant par un autre, sont des facteurs fondamentaux de réparation sur la durée.

Cependant, la réparation est favorisée ou permise aussi par une prise en charge psychologique ; surtout quand la perte réveille d'autres blessures. Irina avait 29 ans quand elle perdit son « bébé » à cinq mois et demi. Il est décédé, étranglé par son cordon ombilical. La cause du décès a une importance dramatique dans la mesure où elle est l'écho de drames antérieurs. La perte de ce bébé a rouvert d'autres chagrins antérieurs mal cicatrisés. Irina a perdu son père quand elle avait 9 ans. On lui a caché la cause de sa mort pendant dix ans. C'était un suicide par pendaison. Le frère d'Irina s'est tué de la même façon quand elle avait 20 ans. La prise en charge psychologique de la perte fœtale impliqua de déterrer ces deux morts. Elle permit à Irina d'élaborer un deuil plus convenable psychiquement que celui qu'elle fit enfant, étouffée par le silence et le secret. Certes, le décès de son bébé, un garçon, s'inscrivait dans une malédiction familiale dirigée contre les hommes de la famille, mais en même temps, cette malédiction donnait du sens à ce décès intra-utérin. Un sens tragique, au sens des tragédies grecques, mais un sens tout de même, quand on sait que ce qui rend une mort *in utero* si douloureuse, c'est le non-sens provoqué par l'arrivée sur terre d'un enfant mort. La découverte de ce sens a permis de décoller la mère de son fœtus en plaçant le fœtus du côté des hommes, et a déculpabilisé la mère. L'histoire d'Irina montre en quoi la prise en charge doit être globale et tenir compte des plaies antérieures. Il s'agit ici de faire prendre conscience à la patiente, en les reconnaissant, de tous ses ressentis de colère, de culpabilité ou de tristesse, de l'autoriser à prendre le temps de faire son deuil, plutôt que de la laisser s'engager immédiatement dans une nouvelle grossesse.

Cependant, il est des situations où la perte de l'enfant à naître est un véritable traumatisme. Je les évoque à distance des étapes du chagrin et du processus de deuil en raison de leur rareté, de leur gravité, mais aussi parce que le syndrome post-traumatique est en deçà du deuil. En effet, le deuil est rendu impossible tant la personne est sidérée, bloquée par l'effraction psychique que représente le traumatisme. Ici, une prise en charge spécialisée est indispensable.

Un véritable traumatisme

Une effraction dans le psychisme

Si la plupart des femmes présentent un état dépressif ou simplement des symptômes réactionnels, un petit nombre d'entre elles font face à un véritable traumatisme. Un traumatisme psychique [1] est une effraction du psychisme dont les défenses sont alors débordées par les excitations violentes, qui sont afférentes à un événement agressant l'intégrité physique ou psychique d'un individu. Déjà Freud [2] définissait le traumatisme comme une expérience vécue, qui procure en peu de temps une telle excitation de la vie psychique que son évacuation ou son élaboration par les moyens habituels échouent. Cet échec peut provoquer des troubles durables dans le fonctionnement psychique, car l'expérience vécue

1. Tel que le définit Louis Crocq dans *Traumatismes psychiques*, Issy-les Moulineaux, Masson, 2007.
2. Dans *Introduction à la psychanalyse*, Paris, Payot, 2001.

demeure dans le psychisme tel un corps étranger. Les syndromes post-traumatiques sont les états conséquents de cette effraction.

Margaret : « Au bout de quatre mois de grossesse, j'ai eu soudain une envie impérieuse d'uriner. Je me suis rendue aux toilettes. J'ai alors senti quelque chose glisser entre mes jambes, c'était mon bébé. Il pendait au bout du cordon ombilical. Je n'ai pu me retenir de le toucher. Je me souviendrais pour toujours de cette sensation. Mon bébé était déjà tout constitué. C'était un garçon, avec sa tête, son torse miniature et ses tout petits membres. Après, je ne me rappelle plus de rien. Je crois que je suis devenue folle. Pendant des jours, j'ai vécu comme si j'étais en dehors de moi, tel un robot, dévitalisée. J'étais déconnectée de la vie autour de moi. J'aurais pu tout aussi bien mourir, tant je n'avais plus l'impression d'exister. »

La perte d'un fœtus est potentiellement traumatique par son caractère soudain et inattendu. Les syndromes post-traumatiques sont classiquement décrits à l'occasion de catastrophes naturelles, d'accidents de la route, d'agressions sexuelles, mais non après des fausses couches ou des morts *in utero*. Un syndrome post-traumatique est provoqué par une impréparation à l'événement, un effet de surprise. Lors d'une IVG, si l'on s'attend à être confrontée à un événement mortifère, on peut être surprise par les conditions de sa réalisation.

À la différence du stress post-traumatique, qui désigne les réactions immédiates et transitoires à un événement traumatique, le syndrome post-traumatique s'installe dans la durée. Dans les réactions aiguës à un facteur de stress, les troubles se dissipent en quelques jours. Dans le syndrome, les troubles peuvent survenir de façon différée, plusieurs semaines après le trauma initial. C'est un nouveau rapport avec le monde environnant et avec soi-même qui se met en place. Le syndrome associe des reviviscences, des conduites d'évitement[1] et des manifestations neurovégétatives[2].

Un vécu particulier

Mais cette mise en place, qui peut être différée, est souvent précédée de vécus particuliers[3] :

– Un sentiment d'arbitraire : « J'ai eu le sentiment, me dit Sylvie (avortement spontané à quatre, cinq mois), de ne plus rien maîtriser de ma vie, d'être une feuille ballottée par le vent mauvais. »

– Un profond sentiment d'impuissance, vécu douloureusement, qui provoque une faille dans l'estime de soi, et une angoisse face à ce qui pourrait lui advenir. « Moi qui, au travail, pouvais affronter toutes les difficultés, je me suis retrouvée incapable de réagir », poursuit Sylvie.

1. Ce sont l'ensemble des conduites motivées par la crainte de revivre l'événement traumatisant.

2. C'est-à-dire des réactions de différents organes sans que cela soit soumis à la volonté, et responsables, par exemple, de diarrhées, de palpitations, de bouffées de chaleur ou de maux de tête.

3. Nathalie Prieto, « Les troubles traumatiques précoces », *Revue francophone du stress et trauma*, n° 1, 2002, p. 45-48.

– Un sentiment de culpabilité qui, dans le cadre d'une fausse couche, donne l'illusion de la maîtrise sur l'événement traumatique, et permet de compenser le sentiment d'impuissance (si je suis coupable, c'est que j'y suis pour quelque chose, donc j'ai un pouvoir sur les événements).

– Un rapport au temps modifié. Il y a une rupture temporelle provoquée par l'événement traumatique. Il y a un avant et un après. Pourtant, la femme se trompe parfois dans les dates quand elle évoque la FC, la date des dernières règles ou celle de l'intervention. Plus tard, on retrouve ce rapport au temps perturbé. C'est notable à l'occasion des dates anniversaires, quand la mère se trompe sur les dates de naissance de ses autres enfants, ou en cas d'impression de grossesse prolongée (si une grossesse fait suite immédiatement à la perte). Annie : « Je suis retombée enceinte peu de temps après ma fausse couche, et j'ai eu l'impression, quand mon enfant est né, d'avoir été enceinte pendant douze mois. »

– Il y a enfin un risque de perte du sentiment d'appartenance à un groupe social, à une communauté, voire à une famille. La femme se sent isolée, prisonnière au sein de son drame, et cela malgré un entourage présent. Elle est confrontée, de façon inédite, aux frontières aléatoires de l'existence et donc de sa propre existence. Aux portes de la mort, on se sent seul(e) au monde.

Ensuite s'installent une humeur dépressive, des angoisses et un sentiment d'insécurité. Toutes les pensées de la femme sont centrées sur l'événement traumatique de la perte. Les symptômes du syndrome post-traumatique peuvent y faire suite. Ils vont durer quelques jours et disparaître ou bien, malheureusement, s'installer plus longtemps.

Le schéma classique

Outre les éventuels vécus particuliers, le schéma classique du syndrome comprend des symptômes de reviviscence, des conduites d'évitement et des manifestations neurovégétatives.

Les symptômes de reviviscence sont typiques. L'individu revoit ou revit les scènes traumatiques de jour ou de nuit, sous forme de cauchemars. Dans le cadre de notre sujet, certaines femmes revivent l'annonce de la mort *in utero*, l'arrivée et le réveil dans le service hospitalier, ou l'évacuation de la fausse couche à la maison. Les reviviscences ne sont pas uniquement visuelles. Elsa, qu'elle soit dehors ou chez elle, sent par moments les odeurs de la clinique où elle a subi le curetage après sa fausse couche. La reviviscence a été interprétée par Freud comme une « compulsion de répétition[1] ». Il s'agit pour l'esprit de répéter ce qui a été insupportable afin de s'y habituer. Le célèbre psychanalyste a également élaboré autour de cette compulsion de répétition sa notion de pulsion de mort,

1. S. Freud, *Au-delà du principe de plaisir* (1920), in *Essais de psychanalyse*, Paris, Payot, 2001.

définie comme une fascination pour l'inanimé, la mort, et qui s'opposerait à la pulsion de vie chez tout à chacun.

Les conduites d'évitement des stimuli évocateurs font également partie du schéma. Par exemple, chez un individu traumatisé par un attentat dans le métro dont il a été le témoin ou la victime, l'évitement concernera tout transport en commun, voire toute sortie de chez lui. Dans le cadre de notre sujet, les femmes éviteront tout ce qui peut rappeler une grossesse.

Line, après une fausse couche, se souvient qu'elle refusait les dîners où étaient invitées des femmes enceintes ou des mères de nouveau-nés. « S'il y avait un reportage sur les crèches ou une maternité à la télé, je zappais aussitôt. » Séverine, à la suite d'une IVG : « Je ne pouvais voir aucune femme avec son enfant, ni même des vêtements pour bébé, sinon je faisais une véritable crise de panique avec une sensation d'étouffement, c'est comme si je me sentais mourir. C'est pourquoi je faisais tout pour les éviter. » Certaines vont éviter les relations sexuelles pour éviter une éventuelle grossesse et le risque d'une nouvelle perte.

Enfin, s'ajoutent un émoussement affectif et des symptômes neurovégétatifs. L'émoussement affectif désigne une apparente indifférence aux événements tristes ou heureux. Les réactions sur le plan émotionnel sont globalement moindres. Les symptômes neurovégétatifs sont aussi divers que des spasmes coliques, des sueurs, des tremblements faciles, des maux de tête...

Des prises de substances toxiques à visée d'« automédication » (alcool, tabac ou cannabis), afin d'apaiser l'angoisse et éteindre les reviviscences, sont possibles.

Si ce syndrome ne guérit pas spontanément et qu'il s'installe pendant plus de deux ans, on évoque un syndrome chronique. Il y a en conséquence une modification durable de la personnalité qui est comme ensevelie[1]. Se conjuguent alors dans le cœur de la personne une absence d'espoir, un détachement affectif vis-à-vis des êtres et des choses, une attitude de retrait social et une certaine méfiance vis-à-vis de tout ce qui l'entoure.

Rencontre imprévue et intime avec la mort

Le potentiel traumatique est d'autant plus important que l'événement stressant est inattendu et absurde, et donc qu'on ne s'y est pas préparé. Comment comprendre qu'une fausse couche soit vécue comme si imprévue, dans la mesure où chacun(e) connaît leur fréquence dans la population générale ? C'est que le fœtus est désormais, dans notre société, et pour les femmes d'aujourd'hui, presque autant investi de vie qu'un nouveau-né, et que la perte d'un enfant est de l'ordre de l'impensable pour une mère. Dans les situations plus rares de vécu traumatique d'une IVG, l'inattendu tient au caractère imprévu de la grossesse. Mais

1. Georg Simmel, « Correspondance inédite avec Sigmund Freud », *Psychanalyse à l'université*, vol. 9, n° 33, 1983, p. 5-6.

c'est surtout l'impréparation au déroulement particulier de l'intervention qui est potentiellement traumatisante.

Généralement, ce qui est commun à toutes les circonstances occasionnant un syndrome post-traumatique, c'est la confrontation avec la réalité de la mort [1]. La mort, on peut en parler, mais on en a habituellement une représentation abstraite. Dans les différentes catastrophes traumatisantes, on fait avec elle (que ce soit la nôtre ou celle d'autrui) une rencontre à l'état brut, qui n'est édulcorée ni par un cérémonial, ni par un imaginaire. Il ne s'agit pas d'une simple annonce de la mort d'un être cher, mais de la perception sensorielle brutale d'une réalité de la mort, comme, par exemple, le fait d'assister en direct, avec tous ses canaux de perception (visuel, auditif, olfactif, tactile), à la mort accidentelle de quelqu'un. On sait, grâce à notre raison, que la mort existe, mais on ne la connaît pas. Ici, la mort entre en soi. Elle n'est plus une simple représentation, mais elle s'incruste comme un « corps étranger interne [2] ». Dans le cadre de notre sujet, la perception est cénesthésique, c'est-à-dire qu'elle emprunte les voies de la sensibilité profonde, celles des organes internes. L'anesthésie habituellement proposée permet de prévenir les ressen-

1. G. Briole, F. Lebigot, B. Lafont, J.-D. Favre, D. Vallet, *Le Traumatisme psychique : rencontre et devenir*. Congrès de psychologie et de neurologie de langue française, 92e session, Issy-les-Moulineaux, Masson, 1994.

2. S. Freud, *Considérations actuelles sur la guerre et sur la mort*, in *Essais de psychanalyse*, *op. cit.*

tis de l'aspiration ou du curetage. Mais dans le cas de la fausse couche spontanée, une sortie subite peut entraîner cette rencontre physique avec la « mort en soi comme vérité ultime [1] ».

S'EXTRAIRE DU TRAUMATISME

En l'absence de soins, des guérisons spontanées sont possibles, mais à plus ou moins longue échéance. Une fois installé, le syndrome post-traumatique doit être reconnu et extrait. Et plus l'action thérapeutique est précoce, plus elle est efficace.

Débriefing individuel et collectif

Les techniques de débriefing qui sont proposées comme prises en charge thérapeutique après des catastrophes, dans le cadre des cellules d'urgence médico-psychologiques, pourraient être utilisées dans le cas de perte traumatisante de l'enfant à naître. On invite les personnes victimes à mettre en mots leurs émotions, afin de se défusionner de l'événement traumatisant. Ma préférence va au débriefing à la française [2], qui n'oblige pas à un compte rendu détaillé et réfléchi des

1. G. Briole *et al.*, *Le Traumatisme psychique : rencontre et devenir*, *op. cit.*

2. Tel que définie notamment par les psychiatres F. Lebigot, L. Crocq ou G. Briole, qui se différencie des débriefings à l'anglo-saxonne.

événements, mais à une libre expression émotionnelle, sans forcing, sans dédramatisation ou déculpabilisation arbitraire et prématurée par le thérapeute. Cette méthode cathartique autorise, par l'énoncé du vécu personnalisé du trauma, une réappropriation personnelle de l'événement, et lui donne un sens.

Une source du traumatisme psychique, on l'a vu, c'est le caractère absurde de l'événement, c'est-à-dire l'absence de sens. Et ce, quelle que soit la nature du drame. Pourquoi cela m'arrive-il, à moi ? C'est la raison pour laquelle la femme a besoin d'explications. Aussi, la découverte de raisons médicales ou environnementales va prévenir ou soulager un éventuel syndrome post-traumatique. Spontanément, la recherche individuelle d'un sens, à défaut d'une cause, est un mécanisme courant. C'est pourquoi, comme dans tout syndrome post-traumatique, la prise en charge d'une femme traumatisée par un avortement spontané ou une IMG est centrée sur la nécessaire « verbalisation de l'expérience traumatique », afin de « réintroduire du sens là où le défaut de signifiant avait laissé place à l'indicible [1] ». L'écoute du thérapeute va permettre l'analyse des différents éprouvés, et à la femme isolée dans sa douleur de retrouver un sentiment d'appartenance.

Le débriefing personnel est bien codifié dans le cadre de cellules médico-psychologiques d'urgence.

---

1. Louis Crocq, « Préhistoire et histoire des syndromes psychotraumatiques », *Neuropsy*, mars 2003.

Appliquons-le dans le cadre d'une prise en charge immédiate après un deuil périnatal. Il doit être précoce, comme lors d'une catastrophe où il est conseillé dans les 48 heures. Il est axé sur le vécu dans le présent : l'événement et le ressenti immédiat. La femme devrait pouvoir exprimer spontanément ses sentiments d'impuissance, de tristesse, de dégoût, de peur, d'auto-accusation, de reproche à autrui (entourage familial ou médical) ; puis on réfléchirait ensuite avec elle à la meilleure façon dont elle pourrait trouver appui dans son entourage. Un suivi serait proposé si la personne le souhaite.

Cette idée d'un débriefing aux femmes victimes de la perte d'un enfant à naître, qu'elle soit accidentelle ou imposée par les circonstances (dans le cadre d'une IMG), n'est pas si inédite. En effet, C. Lee, P. Slade et V. Lygo[1] ont proposé un débriefing à 21 femmes ayant eu un avortement spontané précoce, comparées à un groupe contrôle de 18 femmes également victimes. Il s'agissait pour eux de mesurer, d'après les signes d'anxiété et de dépression consécutifs à un avortement spontané précoce, l'effet d'un débriefing. Les 21 femmes ont bénéficié d'un débriefing à domicile par un psychologue deux semaines après la fausse couche. Elles ont été évaluées deux jours après l'avortement, puis quatre

1. « The influence of psychological debriefing on emotional adaptation in women following early miscarriage : a preliminary study », *British Journal of Medical Psychology*, n° 69, 1996, p. 47-58.

mois plus tard. L'ensemble des résultats montre un impact bénéfique du débriefing.

Les débriefing collectifs sont généralement proposés aux victimes de catastrophe qui se connaissent entre elles. Mais on peut, pour les autres, proposer des thérapies de groupe qui peuvent être brèves.

Psychothérapie de consolidation

Une fois que le débriefing a permis une libération émotionnelle et une défusion vis-à-vis de l'événement, la prise en charge psychothérapique est indiquée en cas de syndrome post-traumatique, mais aussi en cas de troubles réactionnels indépendants de ce syndrome. Le nombre de séances est propre à chaque cas, et le contenu est moins codifié que dans le cadre du débriefing. Il est question de faire une place au traumatisme dans l'histoire de la personne qui lui donne un sens. Il est aussi question, en travaillant sur le passé, de voir en quoi le trauma actuel a pu toucher les fondements de l'individu afin de permettre à ses assises de se rétablir.

Dans notre sujet, il importera de définir le sens que la grossesse avait pour la femme, en fonction des différentes étapes de son histoire. Ainsi que le sens personnel qu'elle attribue à cette perte. Puisqu'il s'agit de syndrome post-traumatique, il sera aussi question de la rencontre avec la mort. Il arrive parfois que ce réel de la mort vienne occuper la place d'une perte antérieure, d'un « objet » perdu auquel la personne n'aurait pas renoncé [1], pour ensuite à son tour refuser de s'en déloger. Cet « objet » perdu est, par exemple, un amour d'enfance ou un amour œdipien pour son père, ainsi que beaucoup des cas cliniques que j'ai cités l'ont illustré. Il s'agira de repérer ce déplacement et de « soigner » les deux pertes, afin qu'elles ne se confondent pas.

En dehors de l'efficacité de l'accompagnement, on observe aussi des mécanismes personnels de résilience qui incluent une capacité de résistance aux événements traumatiques, mais aussi une capacité à aller de l'avant [2], voire à sortir renforcée par une expérience de vie nouvelle, aussi douloureuse soit-elle.

Des thérapies de groupe existent pour les victimes de syndrome post-traumatique (victimes de guerre, d'attentat, de catastrophes naturelles, d'incendie, d'accidents de travail collectifs). Pourquoi ne pas les envisager pour des femmes traumatisées par des deuils périnataux ? Elles permettraient de prévenir l'isolement dans le silence, ainsi que l'occultation, l'indifférence, la minimisation par l'entourage familial ou professionnel de cette épreuve. Au sein de ce collectif de femmes, la personne percevrait l'inscription de son ressenti dans une expérience commune. Cela l'aiderait à se décoller de son vécu traumatique singulier, tout

1. M. de Clercq, F. Lebigot (dir.), *Les Traumatismes psychiques*, Issy-les Moulineaux, Masson, 2001.
2. M. Delage, « La résilience : approche d'un nouveau concept », *Stress et trauma*, 1, 2001, p. 109-16.

favorisant la résurrection de son sentiment d'appartenance sociale.

Un traitement médicamenteux peut aussi être proposé en cas de dépression ou de syndrome post-traumatique, mais ne doit pas remplacer la prise en charge psychothérapeutique. Différentes familles d'antidépresseurs existent pour aider à passer la dépression de deuil. Les IRS [1], qui agissent en augmentant le taux circulant de sérotonine, sont souvent prescrits en première intention dans les cas de syndrome post-traumatique. Ils pourraient notamment agir sur la dimension de réminiscence [2].

Mais on l'a compris, l'accompagnement ne doit pas être purement thérapeutique, car la dimension relationnelle est fondamentale dans la structuration psychique d'un individu. Et l'entourage a le pouvoir de dissocier la femme de l'événement en faisant corps avec elle. On retrouve ce phénomène chez les militaires qui résistent à des événements traumatiques grâce au fameux « esprit de corps ». J'ai pu constater que la présence du compagnon à la maison, d'un couple et d'une famille unis, une absence de syndrome post-traumatique chez les autres membres de la famille et une

1. Inhibiteurs de recapture de la sérotonine : catégorie récente d'antidépresseurs augmentant le taux cérébral de sérotonine, molécule du bien-être.

2. D. Bailly « Aspects biologiques du stress et de l'adaptation : vers une nouvelle approche de l'anxiété », *in* P.-L. Graziani, M. Hautekeete, S. Rusinek, D. Servant, *Stress, anxiété et trouble de l'adaptation*, Issy-les-Moulineaux, Masson, 2002, p. 29-50.

bonne intégration sociale sont des facteurs protecteurs facilitant une évolution favorable.

Enfin la reconnaissance sociale du traumatisme a aussi un effet thérapeutique comme peuvent l'avoir les réponses judiciaires condamnant les coupables dans les crimes de guerre ou la reconnaissance de statut de victimes dans certaines catastrophes. Dans notre sujet, il s'agit non pas de la reconnaissance du statut de victime de la femme, mais davantage de celle d'un dommage personnel et d'un deuil périnatal. Dommage personnel, mais aussi dommage dans le couple, car celui qui faillit être père est également l'un des acteurs du drame.

CHAPITRE IV

Le couple en péril

La perte d'un enfant à naître n'est pas qu'une affaire de femme. Le rôle du conjoint auprès de la femme blessée est fondamental dans son rétablissement, comme il l'a été dans la décision d'avortement volontaire. Il s'agit aussi de la faillite d'un projet de paternité. En outre, un tel drame a de possibles répercussions sur la dynamique du couple.

Une douleur niée, un silence mal interprété

Victime. Bourreau. Coupable. Témoin. Absent. Celui qui faillit être père ne manque pas de place potentielle sur l'échiquier du drame.

Lorsqu'elle revint de l'hôpital, laissant derrière elle un rêve de trois mois, Salomé espérait qu'il la serrerait dans ses bras, la consolerait, sans la soumettre au questionnement. C'est ce qu'il fit. Puis, le cours des choses s'inversa. À mesure que le chagrin refluait en elle, la tristesse, comme une marée de bile noire, monta en lui. Il se morfondait. Elle se consacra alors à le réconforter. Elle fut touchée quand il lui disait : « J'aurais dû être plus présent. M'occuper de toi davantage. T'obliger au repos. » Puis, elle fut inquiète quand sa culpabilité prit un essor jusqu'à la démesure : « Je suis nul, se lamentait-il. Tout cela est de ma faute. » À sa culpabilité s'adjoignit, comme un compagnon de misère, un sentiment d'indignité : « Je ne suis bon à rien. Incapable d'être père. Tu devrais me quitter. ». Il perdit plusieurs kilos. Comme s'il cherchait à disparaître ; à s'avorter de la vie. Il ne s'aimait plus guère. Mais il aimait encore suffisamment sa compagne pour suivre son conseil de venir me consulter. C'est un homme sujet à une dépression majeure que j'ai reçu. Son état justifia la prescription de médicaments antidépresseurs pour redonner de l'élan à son grand corps ralenti et à son esprit éteint. Au bout de trois semaines, réveillé par le traitement, il put communiquer de nouveau.

Son histoire permit de comprendre pourquoi il avait réagi si vivement à cette fausse couche. Enfant, son frère aîné avait décédé quand lui-même avait deux ans. Cependant, il n'avait pas reçu de report d'amour, ni de surprotection de la part de ses parents, comme on pouvait s'attendre à l'occasion de ce type de drame. Au contraire, sa mère ne vécut désormais que pour sa peine. Le défunt devint une icône aux côtés de laquelle notre homme grandissait avec la culpabilité du survivant. « Pourquoi lui et pas toi ? » lisait-il chaque matin dans les yeux de sa mère, quand elle daignait les poser sur lui. Il n'en voulait pas à sa mère. Au contraire, il ne se sentait pas à la hauteur de son rôle de fils, ni de soignant du chagrin de sa mère. Son père, austère et silencieux, peu présent dans l'éducation des enfants, ne prit pas le relais. Il rentrait tard de son travail et consacrait ses week-ends à sa vie associative de chasseur.

Ce sont ces mêmes ressentis qui émergèrent chez lui, en tant que père et époux cette fois, à l'occasion de la fausse couche du bébé qui aurait été le premier-né de ses enfants. Il m'offrit d'ailleurs en consultation, comme pour confirmer cette collusion, des lapsus où son enfant et son frère faisaient sens commun.

À défaut d'avoir été accompagné sur un plan psychothérapeutique quand il était enfant, il le fut cette fois par moi. Il guérit de sa dépression. Comme dans le cas de Marie-Joséphine racontée plus haut, le faire-part de naissance, que je reçus un an après son rétablissement, sonna comme un heureux épilogue de ce drame en deux épisodes.

En cas de fausse couche précoce, beaucoup de femmes ont le sentiment que leur compagnon est bien moins affecté qu'elles, voire à peine touché. Le père apparaît moins impliqué par la grossesse quand celle-ci n'est pas visible. Après la perte d'un enfant à naître, il n'est pas rare que les femmes éprouvent un ressentiment contre leur compagnon auquel elles reprochent un manque d'empathie. Certaines se sentent seules durant leur grossesse, d'autres (les mêmes parfois) se sentent seules lors de leur fausse couche. Chantal : « Il n'a pas pris la mesure de mon chagrin. Pour lui, ce n'était pas bien grave. On en refera un autre, me répétait-il. Il disait cela comme s'il parlait de racheter une voiture après un accident. »

Chez l'homme, une posture d'indifférence peut être une attitude défensive. Façon très masculine de refouler des émotions négatives afin d'en faire une énergie d'anticipation dans l'action, pour une entreprise future. Mais c'est aussi parfois une véritable incapacité d'empathie, l'impossibilité de se mettre à la place d'une femme enceinte, chez celui qui ne s'est jamais autorisé à s'imaginer de l'autre sexe. C'est quelquefois une manière très mécanique, très « désaffectivée », de voir la vie qu'ont certains hommes et qui fait, en d'autres circonstances, partie de leur charme. Des « êtres forts » qui ne se laissent pas déboussoler en apparence par le stress de la vie courante. Les hommes semblent se restaurer plus rapidement[1] que les femmes. De fait, le rapport à la grossesse diffère selon le sexe : c'est un vécu physique, intérieur chez la femme, tandis que l'homme a une position exterieure.

1. R.-B. Black « Psychosocial issues in reproductive genetic testing and pregnancy loss », *Fetal Diagnosis and Therapy*, n° 8, 1993 p. 164-173.

Cependant, un processus de deuil se déroule également chez l'homme qui perd, en plus de la promesse d'enfant, un espoir, un rêve et un statut de père s'il s'agit de son premier enfant. Mais, souvent, ces processus ne sont pas synchrones chez l'homme et la femme, ce qui est une source d'incompréhension, voire de conflits. Ne serait-ce que parce que chaque deuil est un vécu unique, et que la perte n'est pas ici objectivable par des souvenirs communs ou des traces concrètes.

Il arrive que la femme projette sur son compagnon ses propres sentiments de culpabilité et d'indignité. Elle entend alors dans les silences de cet homme des reproches qu'elle se fait, et dont elle se défend en retour par de l'agressivité contre lui, l'accusant d'indifférence là où il n'y a qu'un désarroi pudique.

Des hommes sont aussi soulagés, par la fausse couche, de l'anxiété à être père. Il y a chez l'homme, comme chez la femme, des sentiments ambivalents à l'idée d'avoir un enfant. L'envie d'être père et l'appréhension des conséquences de la paternité se mêlent. Parmi les craintes, mis à part des inquiétudes matérielles et d'organisation de vie, existent de façon consciente ou non :

– la peur de la mort, que ravive la naissance d'un enfant. En devenant père, on monte d'un étage. On perd une vie, comme me l'a dit un enfant : « Moi, j'ai trois vies, mon papa deux vies, et mon papi n'en a plus qu'une. » C'est l'angoisse de Chronos, père de Zeus, qui dévorait ses enfants, car l'oracle lui avait annoncé que l'un d'eux prendrait sa place. C'est aussi l'angoisse du père d'Œdipe pour des raisons analogues. La naissance d'un enfant fait de nous définitivement un adulte, et donc nous rapproche symboliquement de la mort ;

– la peur d'être le laissé-pour-compte de l'affaire. Et qu'il n'y en ait plus que pour l'enfant dans le cœur de sa femme, comme il n'y en avait plus que pour son petit frère ou sa petite sœur pour sa mère quand il était enfant ;

– pis, la peur de perdre sa femme en faisant d'elle une mère, qu'elle soit totalement dévouée à son enfant. Puisque sa mère n'a pas pu être sa femme, sa femme pourra-t-elle le rester si elle devient mère ?

Cette ambivalence masculine peut transparaître à son insu. Sa compagne, qui le connaît bien, peut la percevoir, sans en comprendre les origines. Et de cette perception, peut naître une colère contre son compagnon. D'autant plus facilement que la colère est un moyen commun de lutter contre une dépression débutante. En vouloir à l'autre permet d'éviter de s'en vouloir ; de se mettre « sous pression » pour fuir la « dé-pression ».

Le couple tempête

Une fausse couche peut faire tanguer le bateau, voire provoquer le naufrage d'un couple en péril, si l'homme et la femme ne prennent pas le recul nécessaire sur les courants qu'ils traversent. Une perte périnatale est un facteur de troubles dans un couple, qui peut généralement s'installer sur six mois à un an[1]. Elle est source de conflit. Le malaise éprouvé par chacun, la colère, la culpabilité qui font le lit des reproches, l'échec d'un symbole d'union qu'est la promesse d'enfant, la désynchronisation du deuil chez l'homme et la femme, expliquent ces turbulences. Selon une étude, 12 % des couples rompent après une telle perte.

Violaine : « Cette fausse couche, je l'ai vue comme un signe du destin. C'était le symbole de l'échec de notre couple. Cet enfant ne pouvait pas trouver de place entre nous car notre couple n'était pas assez bon pour l'accueillir. » S'il peut y avoir une vérité dans ce constat, on assiste aussi souvent à l'application d'un principe de sacrifice. Il s'agit alors de rationaliser un événement douloureux, de trouver un sens à un malheur afin de pouvoir l'accepter et s'en détacher. Car un drame auquel on ne donne pas de sens risque, croit-on, de survenir à nouveau. Lui trouver une raison d'être est une tentative inconsciente de cerner, de maîtriser le malheur et, ainsi, imagine-t-on, de mieux l'éviter une prochaine fois. Cette démarche procède aussi d'une volonté de rester maître de son destin, de quitter le statut de victime passive et impuissante, pour

1. R.-B. Black « A one- and six-month follow-up of prenatal diagnosis patients who lost pregnancies », *Prenatal Diagnosis*, 9, 1989, p. 795-804.

prendre le rôle de celle qui jette le sort. Dans un autre registre, et à titre de comparaison, cela me fait penser à l'attitude de Fabrice qui quitta sa femme quand sa maîtresse le quitta. Mais le résultat malheureux chez Violaine, comme chez beaucoup d'autres, est qu'elle subit deux pertes au lieu d'une.

La qualité de la relation de couple, lors d'une fausse couche, est très importante pour prévenir des conséquences négatives sur la femme et sur le ménage. Une union solide et harmonieuse, une empathie de la part du conjoint, une capacité de dialogue au sein du couple, sont des remparts au bouleversement émotionnel. Chacun est le témoin du chagrin de l'autre, et son meilleur soutien dans l'épreuve. Ce n'est pas un peu de leur amour qui avorte alors, comme certains couples le vivent parfois, mais c'est simplement l'exposé du brouillon de leur dessein d'enfant.

Dans le cadre des IVG, ces circonstances jouent pareillement un rôle fondamental sur le couple. Elles sont parfois affligeantes. Mélanie : « Je ne me suis rétablie que longtemps après. Surtout que mon ami m'a laissé tomber une semaine après l'IVG. Je suis retournée vivre chez mes parents, car j'habitais chez lui. » La qualité de la relation antérieure est essentielle pour les suites.

Les docteurs E. Perrin et F. Bianchi-Demicheli [1], de l'hôpital universitaire de Genève, ont mené une étude

---

1. F. Bianchi-Demicheli, E. Perrin, F. Lüdicke, P.-G. Bianchi, D. Chatton, A. Campana, « Sexuality, partner relations and contra-

sur une centaine de femmes afin de mesurer l'évolution de la relation affective et sexuelle du couple six mois après une IVG. Leurs résultats statistiques montrent qu'une relation n'est pas altérée si elle est de bonne qualité avant l'IVG. En revanche, l'IVG n'améliore pas les relations au couple déjà altérées. Avant de causer des difficultés au couple, la décision d'une IVG peut refléter ou révéler un problème déjà présent. Comme toute épreuve, elle sert de test de vérité pour mesurer la solidité d'un couple et la force de l'engagement qui le lie. Un couple solide, c'est-à-dire dont les membres sont suffisamment souples et bien amarrés l'un à l'autre pour absorber les obstacles, passera le cap. Certains couples en sortent même renforcés, comme individuellement on l'est parfois après une épreuve.

Mais l'IVG peut aussi déclencher une rupture dans le couple, notamment quand la décision émane seulement de l'un des membres. C'est souvent dans les trois mois qui suivent l'interruption, symbolisant alors l'échec d'une union. L'IVG ne fait que cristalliser un conflit sous-jacent. Quand cette IVG a été réalisée à contrecœur par une femme, fleurissent chez elle le ressentiment, la rancune, l'impression de ne pas avoir été respectée. Quand la décision de l'IVG n'est pas véritablement partagée, il y a un fort risque à court ou à moyen terme de déstabilisation du couple. Élisabeth :

ceptive practice after termination of pregnancy », *Journal of Psychosomatic Obstetrics & Gynecology*, 22, 2001, p. 83-90.

« J'ai avorté quand j'avais 26 ans. Mon amoureux d'alors était d'accord pour que nous fassions un enfant. Puis, un mois plus tard, il a changé d'avis. J'ai avorté avec des médicaments. J'ai perdu beaucoup de sang. Quand je le sentais s'écouler, c'est mon amour qui perdait vie. »

L'homme est parfois à l'origine de la demande d'IVG. D'autre fois, elle se fait malgré son opposition. Ou il arrive qu'il ne soit pas informé de la grossesse et ne l'apprenne qu'une fois l'IVG réalisée. Une femme peut motiver son IVG par le refus de son compagnon de cette paternité ou bien parce qu'elle juge que cet homme ne sera pas un père adapté. Enfin, une IVG peut aussi être le fruit d'une décision harmonieuse du couple.

Beaucoup de femmes témoignent avoir décidé une IVG, contrariées ou contraintes, sur l'insistance de leur mari ou compagnon qui avançaient des raisons matérielles, ayant, par exemple, des enfants de mariages précédents. Bien sûr, chez ces femmes, il peut exister en parallèle une certaine ambivalence entre le désir d'enfanter et celui de profiter d'une vie de couple, sans avoir à nouveau de jeunes enfants, par exemple. Derrière les affirmations telles que : « Je l'ai fait pour mon mari », il y a la décharge d'une culpabilité. Mais il arrive aussi que, véritablement, une femme inscrive sa décision dans les rails de celle de son mari. Soit parce qu'elle n'imagine pas avoir un enfant qui ne soit pas désiré par le futur père, comme elle-même le désire.

Soit que, pour elle, le projet d'enfant, au-delà du souhait d'être mère, traduit la concrétisation du désir amoureux, l'équivalent d'un nouveau mariage, qui nécessite deux « oui » conjoints.

Cyndie : « Je suis tombée enceinte alors que je prenais la pilule. Malgré cela, j'étais prête à le garder. Mais mon ami avec qui j'étais depuis six mois n'en voulait absolument pas. Moi, j'ai fait cette IVG par amour. » Le refus du mari, en dehors de la frustration de ne pouvoir être mère ou du malaise provoqué par une interruption de grossesse, est interprété comme une preuve de désamour. C'est pourquoi les troubles de la libido ne sont pas rares après ces IVG. Ils expriment aussi ce sentiment de ne plus être suffisamment aimé(e).

Il arrive, plus rarement, que la décision prise par une femme d'avorter chagrine l'homme. Car une femme peut avorter même quand l'homme veut garder l'enfant. Nicolas : « Quand elle m'apprit qu'elle était enceinte alors qu'elle prenait la pilule, ça m'a fait drôle, mais cette bizarre impression liée à l'inattendu est vite devenue une forme de ravissement. J'ai vu cela comme un signe du destin qui voulait m'unir davantage à elle. Quand elle me dit qu'elle allait avorter, que ce n'était pas raisonnable, qu'on ne se connaissait pas depuis assez longtemps et qu'elle n'était pas prête à être mère, c'était sur le ton de l'évidence pour elle. Moi, j'avais le cœur lourd, mais je ne lui en fis aucunement part. Je me sentais délaissé et démuni. »

Yann : « Moi, je le voulais cet enfant. Elle m'a empêché de l'avoir. Pour moi, elle refusait mon amour. Je l'ai quittée peu après. » Un homme peut être atteint psychologiquement par une IVG, mais surtout si cela résulte du choix exclusif de la femme. Kathie : « Mon mari m'a accompagnée à l'hôpital. Et quand il m'a vue partir au bloc opératoire, il s'est écroulé en larmes. »

Une femme peut refuser d'être mère depuis la loi sur l'avortement et la possibilité d'accoucher sous X. Mais elle peut aussi devenir mère contre la volonté du père, y compris si cet homme est son mari. Une femme peut forcer un homme à devenir père, mais l'inverse n'est pas vrai. Comme le déclare Daniel Borrillo [1] : « Pour être femme il faut le vouloir ; pour être père le biologique prime sur la volonté : il suffit d'un acte sexuel et de la volonté de la mère. » Cette inégalité, ajoute-t-il, a des conséquences financières, puisqu'une prestation compensatoire peut être réclamée par la mère. Daniel Borillo propose que, même dans le cas d'une filiation biologique, il y ait nécessairement une déclaration obligatoire de volonté afin de palier l'inégalité faite aux hommes et de prévenir des contentieux.

Des hommes, comme les femmes, se demandent après une FC ou une IVG, quel âge il aurait aujour-

1. Maître de conférence en droit privé à l'université Paris X-Nanterre et chercheur associé au CNRS. Extrait de citation in *Marianne*, n° 512, 10 février 2007, p. 63.

d'hui. Louis : « Quelque chose a existé qui n'existera pas pour moi. Ça m'a fait réfléchir au sens même de la vie, de la mienne notamment. »

Certains hommes sont marqués par une IVG qu'ils ignorent ; mais, soit ils la supputent, soit ils reçoivent les contre-coups des conséquences invisibles sur leur femme. Françoise Dolto raconte le cas d'une mère qui a reconnu avoir avorté en secret, à l'insu de son mari qui était d'accord, lui, pour avoir un troisième enfant quand elle lui annonça qu'elle était enceinte. Elle fit croire qu'il s'agissait d'une FC. Quand elle lui avoua la vérité à l'occasion de cette prise en charge, celui-ci lui répondit : « Tu vois, je ne comprenais plus ce qui se passait, je n'avais plus envie de toi. » En effet, depuis dix-huit mois, ils n'avaient plus de relations sexuelles, et lui n'avait plus d'envies d'aucune sorte. Il envisageait d'ailleurs de divorcer. Après les reproches, les larmes, il y eut la réconciliation, et le désir chez cet homme retrouva vie. C'est ici, me semble-il, moins l'IVG que le secret autour de l'IVG, et donc l'absence d'échange dans ce couple autour de ce choix d'avoir ou non un enfant, qui a mis à mal cet homme et ce couple. Est-ce son intuition relative à cette IVG, qui avait induit cette dépression chez cet homme ? ou le détachement de sa femme suite à une culpabilité enfouie ? Les deux explications ne sont pas incompatibles.

L'atteinte affective chez l'homme l'est aussi par procuration ou empathie. Josselin : « Je m'en suis voulu de l'avoir poussé à avorter. J'ai compris que, malgré nos difficultés financières d'alors, elle le voulait, cet enfant. Quand je l'ai vue triste les semaines qui ont suivi, je l'ai été pour elle. Ça l'a aidée, m'a-t-elle dit plus tard. »

Certains se rendent compte à cette occasion que ce n'est pas un événement banal dans la vie d'une femme ou l'intègrent dans leur propre destinée d'homme. Hervé, quand il s'est mis en couple avec sa deuxième femme, lui a annoncé que la précédente avait fait une IVG car il ne se sentait pas alors prêt à être père. Comme s'il voulait éviter que cela ne se reproduise, mais aussi pour signifier que cette paternité avortée était un événement important de sa propre vie.

QUAND LA LIBIDO SE DÉROBE

La libido est l'un des ciments d'un couple. Quand le désir sexuel disparaît, le couple perd le sel de sa vie. Or, la perte d'un enfant dévitalise parfois le désir. Après une fausse couche, et plus encore dans les suites d'une IVG, les difficultés sexuelles ne sont pas insolites chez la femme. C'est une autre des conséquences possibles sur le couple.

Béatrice, 27 ans : « Je n'ai pas pu avoir de relations sexuelles pendant près d'une année. Mon IVG faisait suite à une aventure sans lendemain, mais cela m'a marquée. Je me suis reconstruite grâce à une relation platonique avec un homme. Son amour m'a aidée à retrouver mes envies sexuelles. »

Ghislaine : « J'ai eu un avortement quand j'étais enceinte de dix-neuf semaines. J'en ai rendu mon compagnon responsable, alors que c'était un choix commun. Je me dis aujourd'hui qu'il aurait dû me convaincre de ne pas le faire. Mais je me dis aussi qu'on ne pouvait pas avoir raisonnablement un enfant à cette époque. Quoi qu'il en soit, depuis cette intervention, j'ai peur d'avoir mal quand on fait l'amour. Je suis tendue, j'ai les muscles contractés, je suis sur la défensive, et j'ai hâte que l'acte se termine. Mon ami le sent, mais ça n'a pas l'air de le gêner quand il me fait l'amour. »

Les plaintes sont de divers types : vaginisme (contraction réflexe et douloureuse des muscles du vagin empêchant la pénétration), dyspareunie (sensations douloureuses locales apparaissant chez la femme lors du coït) ou frigidité (absence de jouissance ou difficulté à éprouver du plaisir lors des rapports sexuels). Sur un plan plus « mental » de la relation, les plaintes portent sur la perte de désir ou de l'excitation suscitée par le partenaire et par l'homme, en général.

Dans un premier temps, il faut s'assurer de l'absence de lésions traumatiques dues à l'intervention. Mais la présence de microlésions ne doit pas faire conclure trop vite à une origine purement physique de cette absence de plaisir. Car ces blessures peuvent servir de point d'ancrage à l'expression de conflits psychologiques internes, d'autant plus si les difficultés sexuelles persistent après la cicatrisation des lésions.

La décision d'IVG peut cristalliser des dysfonctionnements affectifs préalables au couple ; les difficultés sexuelles ne sont alors que l'illustration de ce désamour ainsi matérialisé.

Le plus souvent, l'origine des dyspareunies est psychologique. C'est une mise entre parenthèse du désir sexuel, qui est comme handicapé après une fausse couche, car il prend volontiers ancrage dans un désir raisonné ou inconscient (fantasmé) de procréation. Ce refus inconscient d'être de nouveau enceinte se traduit aussi par une simple disparition du désir (sans dyspareunie ni vaginisme). Clémentine : « Après ma deuxième fausse couche, j'ai fait une profonde dépression. Grâce à des antidépresseurs, j'ai été remise sur pied assez vite, mais je n'avais plus envie de faire l'amour. Je n'avais même plus envie que mon mari me caresse. Pourtant j'ai toujours des sentiments pour lui. J'ai compris plus tard qu'au fond de moi, derrière le refus de la sexualité, c'était avant tout le refus d'une nouvelle grossesse que j'exprimais, comme si j'avais besoin de cicatriser mon corps et mon cœur avant de procréer à nouveau. »

Les premiers pas de la sexualité infantile, à partir de trois ans, se font dans un contexte où l'enfant se passionne par la façon dont on fait les bébés, et il associe l'idée que faire l'amour et faire des bébés sont synonymes. C'est pourquoi la femme, lors de son union sexuelle, qu'elle use ou non de moyens contraceptifs, a cette pensée inconsciente, mais solide, qu'elle procrée potentiellement. La réticence à revivre un épisode aussi désagréable qu'une FC est un frein au désir de procréer et, par voie de conséquence, au désir sexuel qui lui est intimement lié.

Dans le cas de Katia, un décompte précis fait état de neuf mois d'abstinence, comme si le temps nécessaire pour retrouver une vie sexuelle normale correspondait au temps d'une grossesse imaginaire menée à son terme. Katia : « J'ai avorté à 18 ans. Ni mon copain ni moi n'étions prêts à être parents. Nous n'avions pas de travail fixe, et nous voulions profiter de notre jeunesse. Je n'ai donc aucun regret. Le plus difficile pour moi fut de me rendre à l'hôpital, et une fois installée sur la table de devoir écarter les jambes. Mais l'intervention s'est déroulée sans douleur. Je suis restée moins d'une journée hospitalisée. J'ai eu très mal au ventre le lendemain matin. Je ne suis pas allée à la consultation comme prévu trois semaines après. Je me sentais bien, et je ne voulais plus entendre parler de cette IVG. Mais ce fut sans doute une erreur. Car ensuite j'ai eu des difficultés sexuelles qui ont duré plusieurs mois. C'était comme un blocage, ça me faisait mal dès le début de la relation, et je n'avais plus envie. C'est redevenu normal plus tard. Et aujourd'hui, cinq ans après, tout va bien entre nous. »

Une autre origine de la baisse de désir ou de l'apparition de difficultés sexuelles est la dépression proprement dite, comme chez Ludmilla : « J'ai fait une fausse couche alors que j'avais déjà trois enfants. Ce fut douloureux. J'étais à quatre mois de grossesse. Depuis, mon mari et moi n'avons plus de vie sexuelle normale. Nos relations sont devenues rares : une fois tous les deux mois environ. Et chacune de ces relations sexuelles se termine dans les larmes pour moi. »

Un syndrome dépressif déclenche habituellement, par la perte d'élan vital qu'il provoque, le désintérêt généralisé, la difficulté d'accès au plaisir, au sens large, une dépression du désir libidinal. Les antidépresseurs, qui peuvent agir rapidement sur la lassitude, le ralentissement ou les troubles du sommeil, n'ont pas la même efficacité sur le désir sexuel. Dans la dépression, il y a aussi un manque d'estime de soi et un désinvestissement affectif des divers champs relationnels qui s'accompagnent d'un repli sur soi. Nelly : « Après l'IVG que j'ai subie, il y a presque deux ans, je n'ai plus eu d'envies sexuelles avec mon mari. Les premiers temps, j'avais trop de dégoût pour moi. Je me sentais sale. Plus tard, quand je me suis sentie mieux moralement, c'est mon mari qui me dégoûta. Je ne supportais plus qu'il me touche. Aujourd'hui, il a demandé le divorce. » La femme ne se plaît plus suffisamment pour se donner à l'autre, et peut concentrer son énergie libidinale sur elle-même. Certaines se sentent atteintes dans leur féminité par le fait de ne pas être parvenues à mettre au monde un enfant. Et pour une femme, se sentir moins féminine implique habituellement qu'elle se sent moins désirable. Or, quand on se sent moins désirable, on a moins envie de partager sexuellement.

Le sentiment de culpabilité né d'une fausse couche, dont j'ai parlé plus haut, pousse à des conduites de rachat ou d'autopunition. Et l'abstinence sexuelle est justement vécue, inconsciemment, comme une conduite vertueuse ou d'expiation.

Il y a parfois comme une mise en berne de la voie génitale, qui devient le lieu d'un deuil qui ne s'exprime nulle part ailleurs, l'humeur de la femme ne manifestant pas particulièrement de tristesse, comme chez Annie, 36 ans : « Après ma fausse couche, je ne me sentais pas déprimée. J'ai repris mon travail, sans m'être arrêtée, et mes activités habituelles. Aux yeux de mon entourage tout allait bien. Je ne me sentais pas triste, mais au fond de moi je me sentais comme... contrefaite. Je n'arrivais plus à me laisser aller avec mon homme, ni avec aucun autre car j'ai voulu aller tester ailleurs mon désir. J'ai compris que la cause était que je ne me plaisais plus. J'avais parfois une véritable aversion vis-à-vis de mon propre sexe. Je le percevais comme flétri. Ça a duré une bonne année. »

Ce limogeage du désir peut transcrire une forme de grief, de colère, qui s'exprime sous la forme d'un refus à l'encontre du compagnon tenu à tort ou à raison pour responsable de cet état de fait, comme chez Manuella : « J'ai l'impression d'avoir subi deux avortements en un. Le premier en prenant des médicaments. Et le second par aspiration, car la voie médicamenteuse n'a pas été efficace. J'ai regretté que mon mari, qui a été très attentif le reste du temps, ne m'ait pas accompagnée à la clinique. C'est lui qui a insisté pour que j'avorte. C'était sans appel. Je lui en veux pour ça. D'accord, la grossesse n'était pas prévue, mais je suis déçue qu'il n'ait pas trouvé merveilleux que nous fassions un bébé ensemble. Depuis, je doute parfois de son amour pour moi. Je me dis qu'il n'est avec moi que pour le sexe. Je lui trouve toujours autant de qualités, c'est un très bel homme, mais bizarrement je ressens beaucoup moins d'excitation quand il me touche. J'ai moins de désir. J'ai peur d'avoir mal quand il va me pénétrer. Et, de fait, j'éprouve beaucoup moins de plaisir aussi. »

Le blocage sexuel traduit une fermeture vis-à-vis du partenaire auquel il est inconsciemment reproché d'être à l'origine de cette douleur morale ou physique. C'est aussi le cas de Jennifer, qui a le souvenir d'une IVG suivie d'algies au ventre particulièrement pénibles. Tout s'est passé comme si elle rendait son compagnon – auquel, de son point de vue, elle s'offrait quand elle faisait l'amour avec lui – responsable de l'avoir abîmée. Le couple n'a pas résisté, et un an après elle rencontra quelqu'un d'autre avec lequel elle retrouva d'emblée du plaisir sexuel sans difficulté.

Il arrive, bien plus rarement, que le blocage sexuel concerne le compagnon. Les raisons rejoignent celles de la femme. Ce fut le cas chez le mari d'Oriane : « Quand je me suis retrouvée enceinte, j'ai eu très peur. Je ne me sentais pas à la hauteur. Pourtant, matériellement, cela allait bien et j'aimais mon mari. Mais j'avais un terrain anxieux et dépressif. Je me suis fait avorter, mais mon mari, lui, voulait de cet enfant. Il m'en a tellement voulu qu'il n'arrivait plus à me toucher. Il ne pouvait plus avoir aucun rapport sexuel avec moi. » Pour certains hommes, le désir sexuel est intimement lié au fantasme de donner la vie. C'est ce désir-là qui tend leur vit. C'est ainsi que j'ai pu comprendre et soigner l'impuissance éprouvée par Manuel vis-à-vis de sa femme après son avortement, ressenti par lui comme une castration symbolique.

Les remèdes aux difficultés sexuelles dans un couple passent en premier lieu par le repérage et la prise en charge de la souffrance psychologique de la femme endeuillée, éventuellement de l'homme aussi. La communication au sein du couple est évidemment essentielle, c'est-à-dire l'expression des ressentis personnels de chacun, sans être jugé. Les griefs doivent se dire sans violence ni agressivité. La restauration de l'estime de soi est primordiale chez la femme. Le compagnon a un rôle capital dans cette réassurance affective et physique. La sexualité doit être réinitialisée avant qu'un trop grand délai ne s'écoule, car elle est un liant fondamental du couple, en ajustant, bien sûr, ses modalités à la situation de réticence. La condition du renouveau passe par un retour à l'antichambre de la relation sexuelle *stricto sensu*, en privilégiant les préliminaires et la tendresse, comme au début de la relation.

Mais la réactivation du désir sexuel n'est pas la garantie d'une gestation future, car la perte d'un enfant à naître influerait aussi sur la procréation à venir.

La stérilité psychologique

Avant d'aborder la stérilité née de processus inconscients, soulignons que la dissipation consciente du désir d'enfant existe. Ce renoncement volontaire à la maternité naît de la volonté de ne plus revivre un tel traumatisme, ou de la perte de confiance en ses capacités à devenir mère. Claire : « J'ai mis un an à me remettre. J'avais deux jumeaux qui sont morts *in utero*. Après le curetage, j'ai continué de saigner pendant un mois. Je n'ai eu aucun accompagnement psychologique. Aujourd'hui, je ne veux plus d'enfant. Je ne veux plus souffrir autant. »

Quels sont les effets du psychisme sur la fécondité ? Des deuils périnataux induisent-ils une stérilité psychologique ?

Juliette : « Je n'arrive pas à retomber enceinte depuis ma fausse couche. Je me dis que l'œuf que j'ai perdu était peut-être la seule chance que j'ai eue d'être enceinte un jour. »

Sheraz : « J'en arrive à me demander si ma destinée n'est pas d'avoir qu'un seul enfant car le deuxième a beaucoup de mal à venir. »

Vita : « On m'a fait un curetage pour retirer le bébé que j'avais en moi. Son cœur s'est arrêté de battre quand j'étais à dix semaines de grossesse. Mes règles ne sont revenues qu'au bout de six mois. C'est comme si ma tête mettait mon corps de femme au silence. »

Des études tendent à montrer que le stress favoriserait les fausses couches. De nombreux témoignages et cas cliniques confirment l'influence du psychisme sur la fécondité, sans que l'on en connaisse pour autant les mécanismes d'action neurobiologiques. La situation typique est celle de ces femmes qui, après plusieurs années et à la suite de fécondations *in vitro* répétées, renoncent à leur projet de grossesse et engagent une procédure d'adoption. C'est alors qu'elles tombent enceintes. Comment comprendre, sur un plan psychologique, cette fécondité à l'occasion d'une adoption ? Je vois plusieurs explications possibles.

La première est que le renoncement peut libérer l'inconscient d'une pression qui est nourrie d'une ambivalence à être enceinte. En effet, paradoxalement, plus on semble vouloir quelque chose, plus cela peut être associé à un refus inconscient. Le meilleur exemple est quand on cherche à se souvenir d'un prénom : plus on y pense, moins on s'en souvient. Il suffit alors de penser à autre chose pour que le prénom revienne. L'insistance à réaliser peut masquer une résistance inconsciente. Dans le cas de stérilité psychologique, les motifs de cette résistance inconsciente sont multiples : par exemple, la peur de donner la vie avec la responsabilité que cela suppose, la peur de rater son enfant dans une obsession perfectionniste, l'angoisse archaïque de petite fille d'altérations corporelles par la grossesse. Quand l'attention psychique se porte sur le projet d'adoption, le psychisme libère le corps génital de sa résistance.

Une autre explication que je vois, quand il s'agit d'une première grossesse, est que l'enfant imaginaire est chargé du poids d'un interdit. Par exemple, il peut s'agir d'un enfant que l'on a rêvé petite d'avoir avec son père. Le fait de l'adopter décharge d'un projet qui est imaginairement incestueux (puisque l'enfant adopté n'implique pas de relations sexuelles). L'enfant suivant, le biologique, lui n'est pas chargé du poids de cet enfant imaginaire et donc n'est pas soumis à ce veto inconscient.

Si le psychisme joue un rôle sur la fécondité, une IVG ou une fausse couche peuvent-elles engendrer une stérilité psychique par le traumatisme induit ? Je ne connais pas d'étude qui pourrait l'affirmer, mais j'ai rencontré des femmes qui pensent que cela est vrai pour elles. Pour expliquer la situation de stérilité psychologique après une IVG ou une fausse couche, je pense à plusieurs hypothèses. La plus criante est le sentiment de culpabilité. Ne pas donner la vie à un enfant par égard pour celui qu'on a refusé de voir naître, ou dont on se sent responsable de ne pas avoir conduit à la vie. On peut y voir également la crainte de la répétition de la douleur, dans le cas d'une fausse couche ou d'une IVG vécues de façon traumatique.

C'est alors par un mécanisme psychologique d'évitement que l'on ne retombe pas enceinte. Un mécanisme d'autopunition est aussi envisageable, ainsi que le pense Célimène : « J'ai 31 ans. Il y a cinq ans, j'ai subi une IVG. C'était mon choix, mon deuxième enfant avait un an, j'étais fatiguée et je suis tombée enceinte malgré la prise de contraceptifs. Mais depuis, je regrette cet enfant que je n'ai pas eu. Et mon drame, c'est que je n'arrive pas à être enceinte alors que je ne prends pas de pilule depuis plus de trois ans et que mon gynéco m'assure que tout va bien physiquement chez moi et mon mari. Je me demande si ce n'est pas un blocage psychologique. Comme une pénitence que je m'infligerais. »

Pour Sonia, la motivation de retomber vite enceinte n'était pas la bonne. « J'ai mis deux ans à retomber enceinte après mon IVG. Nous n'étions pas prêts matériellement à avoir un enfant et nous étions du même avis pour cette interruption. Ça n'a pas été facile, mais c'était la bonne décision. Je n'ai pas vraiment été triste, enfin je crois. Je m'en suis surtout voulu d'avoir pensé que la méthode du retrait pouvait être sûre. Je ne voulais pas prendre la pilule car je fumais. Depuis, j'ai réussi à arrêter de fumer, et j'ai pris la pilule. Deux ans après, notre situation s'est améliorée, et nous avons fait un vrai projet d'enfant. Mais ça ne venait pas. J'ai compris secondairement, grâce à des discussions avec un ami psychiatre, que je ne voulais pas de cet enfant pour lui-même. En fait, c'est le premier bébé que je voulais, celui que j'avais fait avorter. Mais lui, évidemment, ne pouvait pas revenir. Et le second voulait sans doute être désiré pour lui-même. Quelques semaines après cette prise de conscience qui fit office pour moi de renonciation, je suis tombée enceinte. »

Une IVG ou une fausse couche peut aussi, à l'inverse, précipiter la naissance d'autres enfants. C'est le témoignage d'Adélaïde. « Je suis retombée enceinte quelques mois après. Ça m'a étonnée car je ne suis jamais tombée enceinte facilement. Mais cette fois, je l'ai gardé. Ce n'était pas avec le même homme. » Ou Florence : « Deux mois après ma fausse couche, je suis retombée enceinte. Avec mon mari, c'était notre objectif numéro un. Jamais un enfant n'a été autant désiré. »

Et si l'IVG ne facilite pas la fécondité, elle peut faciliter la décision. Déborah : « Je pense que cette IVG a accéléré notre envie d'avoir des enfants. J'ai aujourd'hui trois filles. Je ne regrette pas mon choix, mais je n'oublie pas qu'elles auraient pu avoir un ou une aîné(e). »

Mais une stérilité psychologique peut être le reflet d'une volonté secrète de ne pas porter d'enfant, secrète car c'est une volonté difficile à assumer pour une femme. Alexandra : « J'ai eu trois fausses couches de suite. Je m'en voulais car je vivais cela comme un échec. Jusqu'à ce que je pense que c'était davantage par rapport à l'image que je voulais donner de moi aux autres, à mon entourage. L'image de quelqu'un qui réussit ce qu'elle entreprend. J'ai pris conscience, grâce à un travail personnel débuté avec une psychologue pour améliorer mes compétences professionnelles, qu'au fond de moi je ne souhaitais pas mettre au monde d'enfant, ni en porter dans mon ventre. J'avais tenté de le faire par devoir. Pour moi, c'était "obligatoire" pour être une femme accomplie. Mais ce n'était pas un vrai désir intérieur. Je me sens bien en tant que femme. J'aime bien m'occuper des autres, de mon mari, de mes amis, de mes nièces, mais je n'ai pas envie d'être enceinte ni d'élever un enfant. J'ai donc renoncé à faire un enfant, et j'ai la chance que mon mari l'ait accepté. »

Si la femme parvient à être à nouveau enceinte après un deuil périnatal, le vécu de la grossesse ainsi que le regard porté sur le prochain enfant peuvent être influencés par cette perte. Mais qu'il y ait ou non de nouvelles grossesses, l'impact de la perte est également possible sur les enfants déjà présents.

CHAPITRE V

Conséquences sur les enfants

Un deuil périnatal a des conséquences possibles, non pas seulement sur le conjoint et donc le couple, mais sur l'ensemble de la famille et, en particulier, sur les enfants déjà présents ou à venir. Après avoir constaté l'impact du deuil sur la fécondité, voyons dorénavant en quoi les enfants déjà nés ou à venir peuvent être touchés soit directement, soit indirectement par contrecoup du chagrin parental.

LE SYNDROME DE LAMIA

Lamia, fille de roi, était l'amante de Zeus. Jalouse, Hera, la femme du dieu des dieux, lui fit en représailles dévorer ses propres enfants. Devenue folle, ne pouvant plus fermer les yeux, Lamia se terra dans une caverne, prit une apparence monstrueuse et, jalouse des autres mères, n'en sortait que pour dévorer leurs jeunes enfants. Ce mythe grec illustre la culpabilité maternelle de la femme capable de faire disparaître ses enfants à naître. Mais surtout, ce croque-mitaine féminin illustre, pour les enfants, l'angoisse suscitée par le double pouvoir d'une mère de donner la vie mais aussi de pouvoir la reprendre.

Après une fausse couche, et plus encore une IVG, les enfants ont deviné, ou ont été plus ou moins informés, qu'il y avait eu grossesse. Grossesse signifie pour eux qu'il y avait un « bébé » dans le ventre. Et quand ils pensent bébé, les enfants pensent le bébé qu'ils ont déjà vu, c'est-à-dire un enfant âgé de quelques mois par exemple. Si ce bébé a disparu sans qu'il soit né, c'est que la mère l'a fait disparaître, qu'elle l'a dévoré ou digéré, puisqu'il était dans son « ventre ». C'est l'image de Lamia qu'ils peuvent alors avoir, celle d'une mère dévorante.

Le fait que les IVG aient des impacts potentiellement négatifs sur les enfants ne doit pas conduire à remettre en question l'ensemble des IVG. En effet, l'arrivée d'un enfant né d'une mère à laquelle on a refusé un avortement, un enfant qui serait non désiré dans une famille impréparée pour l'accueillir, peut porter préjudice à l'ensemble de l'équilibre familial et donc, en particulier, aux enfants de cette famille. Les études menées à long terme sur les conséquences des IVG sur les enfants sont des plus difficiles à décrypter, l'avortement s'inscrivant nécessairement dans l'histoire affective complexe d'un couple. Un critère objectif d'étude serait celui de l'état de bien-être des enfants nés de mères à qui l'on a refusé un avortement comparé à celui d'enfants désirés. Sur ce terrain, une étude de l'OMS de 1990 met en évidence une plus forte proportion de morts subites du nourrisson ou d'enfants perturbés dans le premier groupe.

J'ai parlé d'un cas de Françoise Dolto [1] à propos des conséquences sur le désir du mari pour sa femme. Je le reprends ici pour aborder les conséquences sur l'enfant présent. C'est donc le cas du petit Georges, un enfant de 7 ans, qui depuis un an et demi s'oppose à tout. Il refuse aussi toute participation scolaire, ce qui met cet enfant intelligent en échec. Physiquement, il va bien. Il n'y a apparemment pas de problèmes familiaux ni sociaux. Il se plaint de cauchemars, et déclare à Françoise Dolto qu'il ne veut plus faire plaisir à personne. Dolto diagnostique une dépression. Les dessins de cet enfant expriment des symboles qui évoquent, d'une part, la mère et, d'autre part, la mort. Quand Dolto questionne la mère pour savoir s'il y avait eu des bébés morts autour de lui, celle-ci finit par reconnaître, après un temps de latence, qu'elle a fait une fausse couche. Dolto lui explique que son enfant l'a perçue, comme en témoignent ses dessins, ce qui étonne sa mère qui n'en avait pas parlé. Tandis que Dolto explique à l'enfant ce qu'est une fausse couche, l'enfant prend une

1. F. Dolto, *Sexualité féminine : libido, érotisme, frigidité*, Paris, Le Livre de Poche, p. 349-357.

voix caverneuse pour rétorquer : « Non, elle l'a tué. Il voulait vivre. Elle l'a tué. » La mère, bouleversée, demande à revenir une heure après pour parler seule à Dolto. Elle lui confie alors, qu'en vérité, elle a avorté à l'insu de son mari. Après cet entretien, sur le conseil de la psychanalyste, ce fut l'occasion pour la mère de dire la vérité à son mari. Les relations avec lui étaient également détériorées depuis dix-huit mois ; elles se sont améliorées depuis la révélation. Et les symptômes du petit Georges ont guéri. Il n'y a pas à en conclure que c'est l'IVG *stricto sensu* qui a perturbé l'enfant, mais davantage le secret dans le couple autour de cette intervention ainsi que la culpabilité refoulée. La bonne parole ne se trompe pas et va au fond de l'âme chercher le chagrin qui nous dévore.

Les réactions des enfants déjà présents

Ce sont parfois des réactions immédiates que l'on observe chez les enfants de la famille après un avortement spontané ou volontaire. Les enfants réagissent aux réactions de leurs parents. Plus ils sont jeunes, plus ils sont réceptifs à la douleur de leur mère, qu'elle soit ou non verbalisée. Ils entrent alors en empathie avec elle, et expriment de leur côté de la tristesse, des troubles du sommeil, des comportements régressifs. D'autres modes de réactions sont possibles : de l'irritabilité, de l'agitation, de l'hyperactivité. Ce sont alors autant de façons inconscientes chez l'enfant de lutter contre ce repli morne chez leur mère, de lui servir d'électrochoc pour la sortir de sa torpeur.

Les enfants réagissent aussi directement à la fausse couche. Le deuil périnatal les touche personnellement. Il y a la tristesse de la promesse non tenue d'un futur frère, d'une future sœur, espérés comme compagne ou compagnon de jeu. La remise en question définitive de cette venue est parfois un soulagement, car l'arrivée annoncée d'un rival par rapport à l'amour maternel est un facteur d'anxiété pour l'aîné. Et il peut y avoir un apaisement à l'annonce de la disparition de cette menace. Mais dans le même temps, un sentiment de culpabilité peut grever cette satisfaction. Le jeune enfant est sujet à la pensée magique : il croit dans le pouvoir de sa pensée. Si quelque chose souhaité par lui se réalise, il croit en être à l'origine. Ainsi, il imagine être le promoteur de cette fausse couche, puisqu'il a pu désirer par moments que ce bébé ne vienne pas à la maison. Il importe donc que les parents lui assurent qu'il n'est pour rien dans la survenue de cette fausse couche, quand bien même il n'aurait pas voulu la venue du « bébé » en question. Dire à cet enfant que c'est le « bébé » qui n'a pas décidé de naître est une façon de l'aider à ne pas se sentir coupable. Ce n'est donc ni de la faute des parents, ni de la sienne. Il faut aussi lui expliquer le devenir de ce fœtus. Sinon l'enfant peut imaginer qu'il est resté dans le corps de la mère, ou qu'elle l'a digéré. Si l'on est croyant, on évoquera les réponses proposées par la religion à laquelle on adhère, comme Marie-Eugénie : « J'ai dit à mon fils que mon bébé était pressé de rejoindre les anges. » Les plus scientistes peuvent évoquer avec leur enfant le devenir du corps en lui disant, par exemple : « L'eau de son corps s'est évaporée, et est devenue un nuage. L'air présent dans son corps a rejoint le vent. Et le reste est devenu poussière, poussière de vie qui servira à fabriquer une autre forme de vie, une plante, un animal... » Parler en vérité du concret de la vie, et du devenir des corps, a un effet de réassurance et d'apaisement pour les enfants, tandis que le silence douloureux grève leur développement.

En effet, en adoptant la fonction de consolateur, voire de thérapeute de sa mère, l'enfant risque d'y mobiliser toute son énergie, aux dépens des autres investissements nécessaires à cet âge, sociaux, par exemple.

Il y a aussi des réactions secondaires, plus tardives. Quand il y a un retour de douleur chez la mère à l'occasion, par exemple, d'une date anniversaire ou d'événements de vie évocateurs, l'enfant peut le ressentir et traduire ce ressenti en symptômes divers : des maux de ventre, des troubles du sommeil ou un fléchissement scolaire.

Dans les suites d'une IVG, mais aussi d'une fausse couche, on a vu que l'enfant peut parfois être amené à imaginer que sa mère s'est volontairement débarrassée, non pas d'un fœtus, mais d'un bébé. C'est ce que j'ai appelé le syndrome de Lamia. Car c'est d'un « bébé dans le ventre de maman » dont on lui a parlé. L'enfant peut en conséquence craindre une trop grande proximité maternelle, qui apparaîtra mortifère à ses yeux, la mère étant devenue celle qui peut reprendre la vie qu'elle a donnée. Cela va expliquer certaines formes de prises de distance de l'enfant vis-à-vis de sa mère, qui vont se traduire de diverses façons : conduite d'opposition, refus d'obéissance, hyperactivité ou attitude de retrait, d'inhibition. C'est pourquoi il faut se garder de nommer trop précocement le fœtus de « bébé ». Si on parle de l'IVG à l'enfant, ou s'il a pu en entendre parler, il importe de lui préciser qu'il est question d'un bourgeon ou d'un œuf ou, pourquoi pas, d'un embryon plutôt que d'un bébé.

Les enfants deviennent des adultes. Certains n'apprennent ces secrets que bien plus tard. Emmanuelle : « Je n'ai su qu'à l'âge de 40 ans que ma mère avait perdu un enfant à presque huit mois de grossesse. J'avais alors deux ans. Quand je l'ai appris par ma tante, c'est comme si j'étais libérée d'un poids sur mes épaules que je traînais depuis toujours. »

En plus des conséquences éventuelles sur les enfants présents, des répercussions sont possibles, à distance de la perte, sur les prochains enfants à naître.

La grossesse qui suit

Le vécu de la grossesse qui suit un avortement spontané ou volontaire est volontiers coloré par cet événement, et prend des teintes diverses selon les situations.

Punition

Il y a chez beaucoup de femmes un véritable plaisir, une jouissance presque physique à être enceinte. J'en ai entendu un certain nombre me dire que le meilleur souvenir de leur vie a été cet état de gestation. De ce plaisir, la femme peut se sentir coupable. Car beaucoup d'éducations mal conduites favorisent un vécu coupable vis-à-vis du plaisir en général, et surtout quand il y a de la sexualité à l'origine de ce plaisir. Quand cette grossesse est prématurément interrompue, la femme peut imaginer par superstition qu'il s'agit là d'une punition à cause de ce plaisir pris. Si elle n'est pas repérée et traitée, cette dimension peut avoir comme conséquence une résistance inconsciente au plaisir lors de la grossesse qui suit, seule condition au bon déroulement de celle-ci. La femme va, par exemple, la vivre en étant angoissée ou en ne s'autorisant pas l'insouciance d'un plaisir béat. L'autre forme possible que peut prendre cette autopunition, c'est l'installation d'une frigidité lors des rapports sexuels ultérieurs, car le plaisir lié à la grossesse a des liens symboliques (du fait de la procréation), mais aussi neurobiologiques (sécrétion d'hormones du plaisir commun) avec le plaisir sexuel.

Peur

Selon une étude[1], à l'occasion de la grossesse qui suit une mort *in utero*, une majorité de futures mères font une dépression, moyenne ou sévère, ou présentent une anxiété marquée. Elles sont d'autant plus anxieuses qu'elles ont débuté cette grossesse sans délai après la mort *in utero*. Et d'autant plus déprimées que la mort fœtale se situe près du terme, et qu'elles n'ont pas eu d'enfant auparavant. Enfin, ces mères consultent plus fréquemment aux urgences que les autres, et sont souvent hospitalisées.

Suzon est enceinte de sept mois, mais elle n'a toujours pas pensé à un prénom pour son enfant, n'a rien acheté pour sa venue, et ne l'a pas inscrit à la crèche. Deux ans auparavant, elle a eu une fausse couche à quatre mois. Aujourd'hui, elle se garde de toute anticipation craignant une dramatique répétition.

Maud est enceinte de huit mois. Elle a vécu toute sa grossesse dans l'angoisse, en raison d'une mort *in* utero survenue trois ans auparavant. Elle se présente pour la troisième fois depuis le début de sa grossesse aux urgences de l'hôpital, suffocante, en sueur,

1. Claire Squires, *Prise en charge psychologique de la grossesse qui suit une mort fœtale,* Actes du congrès des Journées pyrénéennes de gynécologie, Tarbes, 1er et 2 octobre 1999.

tremblante, bref sujette à une attaque de panique car elle ne sent plus son bébé bouger depuis quelques heures. Et, comme à chaque fois, elle l'imagine mort. Ses angoisses s'apaisent quand son fils naît, mais elle restera une maman très anxieuse.

On peut comprendre la peur d'une nouvelle perte lors de la grossesse suivante. Pourtant, les statistiques devraient rassurer : après deux fausses couches, il y a 70 % de chances d'avoir une grossesse menée à son terme, et encore 60 % après trois ou quatre fausses couches. Mais l'importance de cette crainte est à la mesure de la souffrance que générerait une nouvelle FC. Cette peur est aussi une façon de se protéger. Car le fait d'anticiper est une façon de se préparer à la tragédie, à lui faire face et une façon de rester sur ses gardes, prête à tout pour défendre la vie de ce futur enfant. Cette crainte permet en outre d'obtenir protection de l'entourage, notamment du corps médical, dont on attend une surveillance accrue. Par ailleurs, il s'agit, en ne se laissant pas aller à la joie d'une nouvelle grossesse de conjurer un nouveau coup du sort, qui, si l'on est superstitieuse, atteint plus sûrement les bienheureux que les âmes grises.

Mais cette inquiétude est son propre combustible, car la femme craint que son anxiété ne favorise une nouvelle fausse couche. D'autant plus quand elle s'imagine être pour quelque chose dans ce précédent « échec ». À l'instar, par exemple, d'une compétition sportive. Bien sûr, être déjà mère peut la rendre moins intense. À l'inverse, avoir fait des fausses couches sans avoir eu d'enfants l'accroît. Les appréhensions rationnelles sont fonction des causes médicales trouvées lors des fausses couches précédentes. La surveillance médicale (échographies rapprochées, mesure des mouvements actifs et du rythme fœtal cardiaque), ainsi que les traitements éventuels[1], rassurent. À l'inverse, chez d'autres, cet encadrement médical est source de stress. Mais ce qui rassure vraiment, c'est l'avancée de la grossesse, quand les six mois sont passés et que le fœtus a la possibilité d'être viable.

Conflit de loyauté

Quand Laura perdit, après quatre mois de grossesse, son fœtus, on lui conseilla de refaire très vite un bébé. Ce qu'elle fit. Son désir d'enfant était toujours aussi vivace qu'avant sa fausse couche et sembla masquer sa tristesse. Mais sa joie d'apprendre sa grossesse fut artificielle : « C'était comme si je me forçais à être joyeuse, que je me devais de paraître heureuse. » Il y avait chez Laura l'inquiétude de perdre ce futur enfant, mais aussi un sentiment de trahison vis-à-vis du précédent : « C'est comme si j'avais abandonné un enfant pour en adopter un autre. » Un sentiment d'inachèvement aussi : « Comme si je n'avais pas fini le premier que, déjà, je passais au suivant. »

1. Traitement chirurgical de la cause, corticoïde, anticoagulant, progestérone, cerclage du col, etc.

Sandrine : « Enceinte de sept mois, on m'annonça que mon enfant avait une agénésie du corps calleux. C'est une partie du cerveau qui ne se développe pas, ce qui rend l'enfant infirme moteur cérébral. Je ne voulais pas imposer à mon fils un petit frère attardé. Mon mari et moi avons pris en commun la décision. Nous étions à l'étranger et le médecin consulté, très puritain, faisait de la résistance. Nous sommes alors rentrés en France pour y être pris en charge. L'IMG a eu lieu à huit mois. Après l'intervention, j'ai eu un lumbago terrible qui m'a fait rester au lit un mois, en souffrant le martyre. Était-ce inconsciemment une façon pour moi de prolonger imaginairement jusqu'au terme du neuvième mois cette grossesse interrompue ? J'ai été bien entourée par ma famille ; et mon mari était encore plus malheureux que moi. Pourtant, je me suis sentie terriblement seule. J'ai vu le bébé mort. J'ai été étonnée de le voir plus gros que mon aîné à sa naissance. Je l'ai nommé Raphaël, car pour moi c'est un ange. Je n'aurais pas donné ce prénom à un enfant vivant, car c'est trop féminin, mais là, c'était possible. Ensuite, je me suis entièrement dévouée au bien-être de mon fils qui s'est mis à avoir des angoisses de séparation et des troubles du sommeil pendant des mois jusqu'à ce que, un an après, je sois enceinte d'une fille. Mon mari ne s'est absolument pas impliqué durant cette troisième grossesse. Il se protégeait d'un éventuel échec à la vie. Juliette est née sans problème. Mais je n'osais pas me réjouir de sa naissance. Je me disais qu'elle n'aurait pas dû être là, si l'autre avait pu vivre. Aujourd'hui, elle a trois ans et mon mari n'a d'yeux que pour elle. Je dois reconnaître que moi, je suis plus proche de l'aîné. On a chacun son enfant. »

« Brouillon »

L'anticipation prénatale de l'enfant, c'est-à-dire l'ensemble des modalités d'attachement de la mère avec le futur enfant que sera le fœtus (elle l'imagine et imagine des choses pour lui), risque d'être figée par la perte précédente. La future mère se refuse d'investir psychiquement et affectivement son futur enfant, tant qu'il n'est pas né. Mais, inversement, l'attente d'un autre enfant peut permettre la poursuite d'un travail psychique réparateur. Comme si la fausse couche donnait un sens à la grossesse suivante. Cela ressemble à un préalable nécessaire. Lise : « Cette fausse couche fut pour moi comme un brouillon. Dans tout ce que j'ai entrepris au cours de ma vie, je n'ai jamais réussi du premier coup : mon bac, mon permis... Mon mari aussi : je l'ai connu après l'échec de mon premier mariage. À dire vrai, je m'attendais à rater cette grossesse. » Est-ce chez Lise un destin programmé comme elle le pense, cette certitude qui a occasionné la fausse couche, ou s'agit-il d'une adresse psychologique pour supporter les échecs en leur inventant un sens ?

Fusion

Une autre méthode, pour éviter le chagrin de la perte, est de donner corps à la fausse couche. Pour cela, le procédé psychologique consiste à fusionner mentalement les deux grossesses quand elles se succèdent de peu. Nawelle : « Je me suis retrouvée enceinte peu après ma fausse couche. Quand j'ai accouché, c'est comme si j'avais été enceinte pendant douze mois. » C'est une façon d'éviter le chagrin en niant la perte. J'ai deviné, lors d'une consultation, ce même processus chez une mère de famille quand elle se trompa de trois mois sur la date de naissance de sa fille. Cette « fusion » mentale a sans doute une incidence sur l'image que l'enfant aura de lui-même.

Il importe, de manière générale, de s'accorder un temps de répit après la perte d'un enfant à naître. Il faut « digérer » cette perte, puis la mentaliser, afin que l'enfant qui viendra ne soit pas encombré par des « débris », et que des ombres de tristesse n'assombrissent pas le bonheur maternel qui sied à une grossesse. Mais une fois né, le nouvel enfant n'est pas à l'abri d'influences mortifères ou, du moins, délétères.

LES PREMIERS LIENS

Lors de la grossesse suivante, on l'a vu, la future mère se retient parfois de trop investir le futur nouveau-né, afin d'anticiper une nouvelle perte éventuelle. La naissance de l'enfant apaise l'anxiété, mais ne fait pas disparaître d'emblée cette réserve. D'autant que la paralysie de l'anticipation prénatale gêne les premières interactions. Avec le nouveau-né, il arrive que la mère exerce un contrôle marqué de la relation, manquant de souplesse et de liberté relationnelle. Elle ne laisse pas suffisamment l'initiative des échanges au nouveau-né qui, en retour, va se montrer plus passif qu'un autre. Le sentiment de compétence à être mère peut avoir été amoindri par la perte précédente, et rendre cette maman plus hésitante ou au contraire rigide. Généralement, cela se dissipe à l'occasion d'un bon développement de l'enfant, surtout si la mère bénéficie d'un entourage rassurant et de conseils adaptés.

Les fantômes

Quand le deuil est mal élaboré, le disparu occupe une place importante dans la famille et risque de gêner le développement des enfants présents ou à venir.

Benjamin, le garçon que je reçois, a 8 ans. Il a des problèmes scolaires importants et des troubles du comportement. Il se bagarre et est rejeté par les autres enfants. Il est encoprétique[1]. Les parents me disent qu'ils n'en peuvent plus et qu'il leur arrive de le battre.

1. Il ne maîtrise pas ses selles et fait dans sa culotte.

Sa mère me confie qu'elle voulait une fille : « Les garçons, c'est plus compliqué. J'ai une petite sœur. J'étais sa deuxième maman. Je sais m'y prendre avec les filles. » Quand je demande de qui tient Benjamin, les parents sont incapables de me répondre. À mesure de l'entretien, il m'apparaît que cet enfant est étranger à la famille. Ce n'est pas celui qu'on attendait. Il a pris la place d'une fille. Elle aurait dû naître deux ans auparavant, mais elle a disparu au cours d'un avortement spontané à trois mois et demi. Cette fille fut idéalisée, et Benjamin n'avait pas sa place. Ses parents se sont bien occupés de lui, mais au fond d'eux, affectivement, ils ne l'ont jamais adopté. C'est ce qui explique ses symptômes qui le font rejeter par tous.

Donnons l'exemple d'une procréation médicalement assistée. Jane décida, comme on se lance un défi, d'avoir un enfant malgré sa ménopause, grâce à une fécondation artificielle avec don d'ovocytes, qu'elle ferait implanter à l'étranger. Son mari ne fut pas le plus difficile à convaincre. Sa fille ne comprenait pas ce besoin et s'inquiétait des risques de grossesse à son âge. On lui implanta trois embryons pour qu'au moins l'un d'entre eux se développe. Mais les trois embryons se développèrent. Suivant les recommandations du médecin, Jane se résigna à supprimer deux des trois embryons en raison du risque d'avoir des triplés à son âge. Le troisième embryon devint un beau bébé. Son fils a aujourd'hui presque cinq ans. Mais Jane vient me consulter car il a des insomnies depuis longtemps. L'enfant me raconte ses cauchemars. Ce sont toujours les mêmes : deux fantômes viennent lui tirer les pieds pour l'emmener avec eux...

Toujours à propos de fantôme, voilà le cas de Fathia. Fathia est une maman arrivée depuis peu de son pays natal, le Sénégal. La protection maternelle et infantile (PMI) oriente son enfant au Centre médico-psychologique en raison de troubles du développement. Le psychiatre qui le suit pose le diagnostique d'autisme. L'enfant de 2 ans s'isole dans des activités stéréotypées. Il n'a pas de langage. Il regarde en l'air et crie sans raison apparente. Selon sa mère, il communique avec les esprits. S'il souffre, c'est que les esprits sont en colère contre elle, la mère. Parce que, croit-elle, il s'agit de l'esprit du bébé qui était dans son ventre quatre ans auparavant, bébé qu'elle n'a pas su garder, et qui revient dire sa colère et sa plainte. On le voit, la culpabilité s'exprime en différentes « langues » selon les personnalités et les cultures.

Contrairement à une idée répandue, un jeune enfant n'est pas mieux paré qu'un individu plus âgé pour faire face à une perte. Ayant moins l'expérience de ce type de traumatisme, il n'a pas mis en place les moyens psychologiques de l'affronter. Quand le deuil ne peut se faire, une crypte va s'élaborer dans son psychisme où va résider le fantôme du disparu. Fantôme, ou parfois mort-vivant, tant la tentative est grande de maintenir l'existence de quelque chose qui n'est plus, et avec lequel va s'entretenir une relation imaginaire, vécue par la mère comme illégitime, et donc maintenue secrète. Les fantômes vivent dans l'au-delà, c'est-à-dire dans l'inconscient. Par définition, ils ne sont pas conscients, puisqu'ils disparaissent à la lumière d'une parole vraie. Ils passent les murs d'un inconscient à un autre et, en particulier, de celui de la mère à celui de l'enfant. Quelquefois, ils passent une seconde génération, quand l'enfant devient à son tour parent, en créant des symptômes dits transgénérationnels. Le petit enfant porte alors un mandat venu d'une génération antérieure. Il est étonnant de constater que tous les enfants d'une même fratrie ne sont pas logés à la même enseigne. Un seul d'entre eux peut devenir le récepteur de ce fantôme. Cela, du fait de son âge, de sa personnalité qui le rend particulièrement réceptif aux ressentis de sa mère, ou qu'il est inconsciemment choisi par elle.

Ce fantôme est parfois un « cadavre exquis[1] », tant la grossesse avait fourni du plaisir à la femme enceinte. Ce plaisir reste enfermé en elle comme un trésor, sur lequel elle investit son énergie de désir, son énergie libidinale, aux dépens éventuellement des autres formes de plaisir avec son partenaire, ses enfants, ou son entourage. Plaisir secret sous la forme d'un chagrin. Un plaisir d'amour ne dure qu'un instant, tandis qu'un chagrin d'amour dure toute une vie.

1. Selon l'expression de N. Abraham et M. Torok, *Maladie du deuil ou le fantasme du cadavre exquis*, Paris, Flammarion, 1978.

Quand un de ces fantômes vient hanter un enfant qui naît après, il peut en faire un enfant de remplacement.

L'ENFANT DE REMPLACEMENT

C'est généralement après une mort subite qu'on évoque l'enfant de remplacement. Mais on peut étendre ce concept aux enfants nés après tout deuil périnatal. Une mauvaise élaboration du deuil va influer sur la naissance et le développement de l'enfant né après. Quand l'embryon ou le fœtus disparaît, il persiste cependant chez la mère le souvenir de la relation qu'elle a établie avec lui, la relation entre elle et son enfant imaginé. Ce lien, s'il ne peut être oublié, ni parlé, peut cependant être transmis par la mère à l'enfant qui viendra. Or, pour l'enfant, le fait de porter un secret influencera sa façon d'être. Il arrive que dans leur esprit, les parents établissent une collusion et confondent le disparu avec le nouveau-né. C'est un processus inconscient de la part de la mère ou des parents pour lutter contre la disparition. Si l'enfant est mis en route rapidement, c'est aussi une façon non consciente d'éviter un pénible travail de deuil. Symboliquement, il s'agit d'une réincarnation. L'absent est remplacé par ce nouvel enfant qui aura pour mission, dans l'inconscient des parents, et parfois du reste de la famille, de faire vivre son « ancêtre ». Il naît avec ce mandat, cette charge, cette fonction. Justin a perdu définitivement son doudou. Heureusement, sa mère se souvient où elle l'a acheté. Elle compte bien retrouver le même modèle. C'est un poupon qui fait partie d'une collection fabriquée en série. « Ah oui ! lui dit la vendeuse devant la photo, je vois très bien, c'est la série des "Gabriel". » La mère étouffe un cri. Gabriel ! C'est le prénom qu'elle avait choisi pour son bébé, mort-né à sept mois de grossesse, plus de deux ans avant la naissance de Justin. Était-ce un hasard ou avait-elle choisi, inconsciemment ce doudou, baptisé comme le disparu, pour son fils, comme un relais ?

L'enfant, porteur de ce poids, se construit souvent en désaccord avec lui-même, dans ses attitudes et ses choix. Il a fonction de « bouche-deuil », et il a du mal à être dans sa vie. Il est en état d'insatisfaction permanente, car il se doit d'être à la hauteur d'un être idéalisé, donc sans défaut. Il se défend parfois contre ce rôle qu'on veut lui attribuer. Il va lutter contre son destin enclavé, et cette lutte se traduit par différents symptômes. Sa résistance peut s'exprimer par des conduites d'opposition, un refus des règles, un comportement anorexique ou un refus du coucher, un comportement hyperactif, un rejet scolaire...

Un enfant qui n'est choisi que pour prendre la place d'un mort, n'est-il pas voué à la mort par l'exigence de ce rôle même ? Certains enfants vont en effet s'identifier au disparu, du moins à l'image qu'ils ont d'un défunt, en adoptant une attitude de discrétion extrême, une position générale de repli, d'inhibition ou d'évitement des autres. Ce sont des enfants qui iront peu de l'avant, se développeront avec retard, ne s'autoriseront pas à prendre trop de plaisir, ne supporteront pas le bruit ou le froid, auront peu d'appétit et afficheront un tempérament rigide. Ils peuvent se sentir menacés ou fascinés par la mort car, dans l'imaginaire familial, leur place est du côté de la camarde. Bien que chargé de remplacer celui qui n'a pu être, l'enfant de remplacement est en effet associé dans l'inconscient familial à un disparu. Il traduira cela par des conduites à risques ou des maladies graves. Son prénom rappelle volontiers le rôle attribué. Ce peut être directement le prénom qu'on envisageait de donner à l'enfant disparu, ou bien un prénom qui symboliquement rappelle le disparu, tel que Dorothée (dort ôté), ou qui le rappelle à la vie, tel que Vivien (vie vient). Le prénom, en effet, est la trace écrite du désir parental.

La réaction de la famille, face à la mort, produit parfois une véritable onde de choc émotive. On a vu, dans le chapitre consacré au deuil, qu'une fausse couche est vécue comme une mort, au minimum comme la mort d'une promesse. Quand cette mort n'est pas parlée dans la famille, elle s'insinue malgré tout dans des attitudes, des pensées ou des comportements qui trahissent ce non-dit. La mort s'installe sous la forme d'un symptôme, même si celui-ci semble sans aucun rapport avec elle. Il traduit l'impossibilité d'un travail de deuil, du fait de l'absence même de reconnaissance du deuil, du silence, voire du mensonge, fait sur l'événement tragique – qui empêchent la nécessaire expression du manque et de la tristesse au sein du corps social.

L'expression du chagrin, de la colère, du manque chez la mère sont perceptibles par l'enfant, qui leur donne un sens. Ce faisant, il est mis à l'abri du poids du disparu. C'est la mère qui porte alors l'« enfant » mort, ce n'est pas lui. En revanche, si la parole maternelle du deuil est enterrée, cela devient pour l'enfant un mort sans sépulture, donc un fantôme qui va être à l'origine de troubles chez lui (insomnie, anxiété ou symptômes divers). Ce qui est indicible pour la mère et, pire encore, impensable devient irreprésentable pour l'enfant. Et ce qui est irreprésentable, c'est-à-dire, ici, tout ce qui est en rapport avec les notions de séparation, de disparition, voire de procréation, sera donc pour l'enfant source de grande angoisse. L'enfant aura, par exemple, beaucoup de difficultés à vivre toutes les formes de séparation (le coucher, avec des difficultés d'endormissement, l'école, avec le refus ou des phobies scolaires et, plus globalement, la peur de grandir). Plus tard, il pourra avoir des difficultés sexuelles ou des angoisses à engendrer.

Il existe aussi des cas particuliers d'enfant de remplacement, ou d'enfant marqué par la disparition, comme celui des grossesses gémellaires.

Jumeau

Il arrive, en cas de grossesse gémellaire, qu'un des deux jumeaux disparaisse, et que l'autre naisse sans problème. Noam a aujourd'hui 25 ans. Il est d'une famille de cinq enfants. Il va bien. Il est né d'une grossesse gémellaire, mais son frère est « parti » à huit mois de grossesse : « Il m'arrive encore de penser à lui. Je sens son absence. Je suis dans une attente par rapport à lui. Quand je croise quelqu'un qui me ressemble, je me demande l'espace d'un instant si ce n'est pas lui. »

C'est aussi vrai pour des triplés. Les parents sont alors prisonniers de sentiments contradictoires, où se mêle à la joie d'une naissance la tristesse d'une perte. La perte d'un jumeau n'est pas seulement la perte d'un enfant. C'est aussi la perte d'un ensemble particulier : une paire. C'est l'abandon de l'attente spécifique d'avoir deux jumeaux, avec le caractère d'exception que la gémelléité porte en elle. On dit parfois à ces parents que, malgré tout, ils ont de la chance d'en avoir gardé au moins un ! En aucun cas, on ne peut parler de demi-peine ! Il importe de reconnaître et d'accepter ce double ressenti de joie et de chagrin. Il faut que ces parents s'autorisent à avoir une pensée différenciée pour chacun d'eux. L'enfant qui est né ne doit pas, bien sûr, faire office de consolation, et l'absent ne doit pas être idéalisé. Souvent, la mère qui s'occupe du bébé a besoin d'une aide, le temps que son chagrin soit moins aigu. Il faut aussi qu'elle puisse trouver un interlocuteur à sa peine, ce qui n'est pas aisé dans l'entourage qui préfère n'entendre parler que du bébé présent. Il faut qu'elle puisse faire un travail de deuil, afin que l'anniversaire de l'enfant ne soit pas jour de deuil justement. Et que l'enfant qui grandit ne présente pas la culpabilité ou, à l'inverse, la mégalomanie du survivant. Évidemment, il sera informé de ce qui s'est produit ; comme il lui sera expliqué les sentiments différenciés éprouvés par ses parents lors de la naissance. L'enfant qui est né ne doit pas imaginer qu'il a pris la « vie » pour lui, et que c'était sa croissance plus active qui aurait porté préjudice à son frère ou à sa sœur. En l'absence de cause décelée, il convient de lui dire que son frère ou sa sœur fœtus a choisi de ne pas naître sans que l'on puisse dire, à sa place, les raisons de son choix. Il ne doit pas se sentir responsable ni de la mort, ni de la vie (comme enfant de remplacement) de celui qui ne doit pas lui être présenté comme son frère ou sa sœur, mais comme « son frère ou sa sœur de sa vie d'avant sa naissance ».

Il arrive qu'une grossesse gémellaire soit vécue comme un processus de réparation. Morgane : « Après ma fausse couche d'un garçon qui m'a beaucoup chagrinée, j'ai eu des jumeaux. D'en avoir deux garçons pour le prix d'une grossesse, ça m'a véritablement consolée. Car je me suis dit que, de là-haut, on m'en rendait un à la place de celui qu'on m'avait pris. Pour moi, ce n'était pas le même, d'ailleurs je n'aurais pas su lequel des deux, mais c'était comme un dédommagement pour me guérir de ma peine. »

La perte d'un « jumeau » n'est pas toujours accidentelle. Elle peut être délibérée comme c'est le cas dans les réductions embryonnaires lors de procréations médicalement assistées.

PMA

Trois initiales que connaissent bien ceux et celles qui ont eu recours à la procréation médicalement assistée. C'est devenu une marque de fabrique pour tous ces enfants nés grâce à cette intervention médicale, ces « enfants de la science ». PMA : P comme papa, MA comme maman... Certains des premiers-nés de ces méthodes sont eux-mêmes devenus des parents. La presse nous dit combien ils sont bien portants. Et, sans doute, est-ce vrai, tant leur devenir a été porté par l'espoir de tous ces hommes et ces femmes meurtris de ne pouvoir concevoir, porté par ce pouvoir divin de donner la vie que nous apporte la science. L'attente sociale a soutenu le développement physique et psychologique de ces enfants.

Le dilemme des réductions embryonnaires

En 2004, ces naissances médicalement assistées représentaient 2,3 % du total des naissances. Mais cette victoire de la science sur la nature ne doit pas occulter les traces possibles laissées chez la mère, comme chez l'enfant. Saluons la victoire, mais ne négligeons pas de dresser un monument aux « morts », si l'on ne veut pas que ces derniers perturbent la vie des survivants. De quels « morts » parlé-je ? Lors des procréations artificielles, on fabrique des embryons à partir des ovocytes empruntés à la femme et des spermatozoïdes de l'homme. Avant l'implantation, est posé un diagnostic préimplantatoire. C'est-à-dire que l'on étudie les chromosomes de l'embryon, à partir de cellules prélevées sur lui, dans le dessein de sélectionner des futurs bébés sans anomalies génétiques[1]. Ces embryons, s'ils sont reconnus être de bonne qualité, sont congelés avant d'être implantés en temps voulu dans l'utérus où ils se développeront. Une politique de transfert adapté permet de réduire au maximum le nombre d'embryons transbordés. La réduction embryonnaire est l'ultime recours en cas d'échec de ce monitoring bien conduit de l'ovulation et de cette politique de transfert adapté. Mais on ne fait pas d'omelette sans casser d'œufs. Il faut concevoir plusieurs embryons pour avoir plus de chances de voir un œuf se développer[2]. Ceux qui n'ont pas les qualités suffisantes pour être placés dans l'utérus sont d'emblée éliminés. Parmi ceux qui

1. Le diagnostic préimplantatoire permet de prévenir des anomalies du fœtus et des pertes d'enfant à naître.

2. Rappelons que la réduction embryonnaire vise à prévenir les conséquences dangereuses des grossesses multiples. En effet, elles sont un risque physique pour la femme et pour le développement

restent, plusieurs sont implantés dans l'utérus. Si aucun ne se développe, d'autres les remplacent, qui étaient congelés et servaient de réservistes, jusqu'à ce que la « greffe » prenne. Si tous ceux qui sont implantés en même temps croissent, une réduction embryonnaire est alors effectuée pour n'en laisser qu'un ou deux. Il arrive, dans ce dernier cas, qu'au cours de la grossesse un des jumeaux s'élimine spontanément. Il s'agit donc de donner à la future mère un maximum de chances d'avoir un enfant, mais d'éviter une dangereuse grossesse multiple. Au début, il y a une trentaine d'années, on a pu implanter jusqu'à cinq embryons. Puis, à la fin des années 1990, on en vint à n'implanter que deux ou trois embryons à chaque essai.

Conséquences psychologiques sur les parents

Le retentissement psychologique à long terme sur les enfants qui naissent après des réductions embryonnaires a été peu étudié. Citons l'étude de Brandes menée sur 7 enfants, âgés de 12 à 38 mois, nés après des réductions. Ils ne présentaient pas de différences

---

individuel des fœtus (mortalité, atrophie, prématurité). Elles sont aussi un risque psychologique pour la femme. Selon certaines études, près de la moitié des femmes présentent des troubles dépressifs dans les mois ou les années suivant une naissance multiple, auxquels s'ajoutent les difficultés pour le père à assumer une telle charge et les répercussions négatives sur le couple.

mentales par rapport à un groupe témoin [1]. Le retentissement psychologique sur les parents est très peu décrit dans la littérature médicale. Les docteurs J. Belaisch-Allard et J.-B. Bernard [2] insistent sur le rôle de l'équipe médicale dans la prévention des troubles psychologiques chez ces derniers. En effet, une femme qui se bat pour avoir un enfant se trouve face au paradoxe, éventuellement douloureux, de débuter sa grossesse par une « réduction » embryonnaire.

Mélanie se questionne quatre ans après une réduction, alors qu'on lui avait implanté trois embryons. Elle se laisse aller à imaginer à quel enfant cet embryon aurait donné naissance : « Quand je nourris mes deux filles, j'imagine qu'il y en a une troisième à table. »

Aujourd'hui, le couple de géniteurs peut accepter que ces embryons porteurs d'anomalies ou surnuméraires, plutôt que d'être éliminés, soient utilisés pour la recherche médicale [3]. Cela permet aux équipes de recherche de travailler sur les lignées de cellules souches embryonnaires humaines, qui sont des cellules pouvant être à l'origine de cellules spécialisées de

1. J.-M. Brandes, J. Itskovitz, A. Scher, R. Gershoni-Baruch, « The physical and mental development of *co-sibs* surviving selective reduction of multifetal pregnancies », *Human Reproduction*, n° 8, vol. 5, 1990, p. 1014-1017.

2. J. Belaisch-Allart et J.-B. Bernard, « Place de la réduction embryonnaire : acte de vie ou acte de mort ? », *Actes du congrès. Journées de techniques avancées en gynécologie, obstétrique PMA et périnatalogie*, Fort de France, 11-18 janvier 1996.

3. En application de la loi de bioéthique du 6 août 2004.

toutes sortes d'organes. Ce caractère utilitaire, bien que critiqué par les théologiens chrétiens, donne aux géniteurs un sens humanitaire consolateur à ces éliminations. Par ailleurs, dans le même registre « utilitaire », un décret publié fin 2006 [1] autorise les « bébés médicaments ». La naissance d'un puîné peut permettre de sauver son aîné qui aurait une maladie déclarée incurable, grâce au don de sang placentaire, de moelle osseuse ou de cellule souche du sang prélevé sur un embryon indemne conçu *in vivo* lors du diagnostic préimplantoire.

Conséquences sur l'enfant

Quoi qu'il en soit, on voit bien que, malgré les précautions médicales pour limiter au maximum les réductions, l'enfant né d'une PMA a une histoire prénatale qui est un véritable parcours du combattant, et qu'il naît sur un champ de bataille embryonnaire. On a affaire métaphoriquement à des deuils multiples. Bien sûr, cela survient quand le futur enfant à naître n'a pas conscience de soi, et l'on ignore aujourd'hui le véritable impact de ces aventures embryonnaires sur sa destinée. Cependant, les parents ont en tête la biographie conceptionnelle de leur enfant. Et ils la lui transmettent à leur manière, souvent à leur insu, sinon par des paroles, du moins par leurs sentiments et leurs

1. De la loi de bioéthique d'août 2004.

fantasmes (pensées inconscientes chargées affectivement), et *via* le regard qu'ils vont avoir sur leur enfant.

Seulement 3 à 5 % des embryons conçus *in vitro* donneront naissance à un enfant. L'enfant né par PMA est, pour ses parents et l'entourage, l'enfant du miracle. Miracle de la science vis-à-vis de laquelle on peut s'attendre qu'une fois adulte il cherche à rendre grâce, comme on rend grâce à ses parents. C'est alors le prototype de l'enfant unique par excellence quand il est le premier. On peut aisément le croire surinvesti et surprotégé, autant d'ailleurs que tout enfant obtenu difficilement, sans qu'il y ait nécessairement eu recours à une PMA. Selon les psychologues qui suivent les familles concernées, ces situations de naissance miraculeuse induiraient chez les parents une difficulté à mettre des limites aux enfants, à qui l'on « passerait tout ». Cela susciterait chez eux de l'anxiété, née de n'avoir personne au-dessus d'eux pour les limiter, et donc personne pour les protéger d'eux-mêmes. État d'agitation, hyperactivité, trouble de l'attention et de la concentration, difficulté d'apprentissage, intolérance à la frustration, trouble du sommeil, anxiété... Voilà ce que pourrait provoquer chez l'enfant la difficulté des parents à lui mettre des limites adaptées, quelle que soit d'ailleurs l'origine de cette difficulté.

L'enfant peut se demander, dans la mesure où il a été tant désiré avant même d'être connu, s'il est bien tel que ses parents l'espéraient. De nos jours, dans la pensée commune, l'enfant se doit d'avoir été « désiré ».

L'enfant de la procréatique doit son existence à un parcours du combattant, mais il est soumis au désir de ses géniteurs. Ne vit-il pas sous la menace de son élimination s'il s'écartait des attentes parentales ? Cela ne va-t-il pas le placer dans un état d'insécurité affective, à l'origine d'anxiété généralisée ou d'hyperactivité ? Mais ne généralisons pas, même des enfants nés sans aucune intervention médicale peuvent vivre enferrés par des attentes et des exigences parentales excessives.

Peut également se poser pour l'enfant, à un moment ou un autre de son développement, la question propre à chaque survivant : pourquoi moi ? Au point de se croire, en guise de réponse, tout-puissant comme un héros de guerre qui aurait survécu là où tous ses frères embryons ont échoué. Mégalomanie d'ailleurs entretenue par des parents qui verraient en lui l'élu. Une autre modalité de réponse à cette question existentielle serait, à l'inverse, la culpabilité. Celle du survivant pour qui les vrais héros seraient tous ces morts au combat pour que lui seul puisse vivre ; ces sacrifiés face auxquels il aurait une dette de vie. Penser cela impose d'avoir une vie à la hauteur de ce cadeau, et pourrait être un moteur pour faire de grandes choses dans sa vie. Mais si l'on n'y parvient pas, l'échec n'en est que plus rude. Cette naissance coupable peut aussi pousser l'enfant à risquer sa vie, ou même l'adolescent, quand ce type de questions sur les origines est réactualisé. Ces deux aspects, mégalomanie et culpabilité, peuvent coexister, notamment chez l'enfant qui se croit tout-puissant la journée et qui a peur des fantômes au soleil couchant. J'ai personnellement été amené à suivre des enfants qui présentaient ce type de symptômes que j'ai pu mettre en lien (et par là même les en débarrasser) avec des IVG répétées chez leur mère.

Conséquences à l'adolescence

À l'adolescence, les comportements à risques ne sont pas rares et concernent des individus qui ont des histoires différentes. Qu'il s'agisse de la conduite de scooter sans casque, de relations sexuelles non protégées ou de sports dangereux. Chez les enfants de la procréatique, ils prennent une résonance particulière. Mettre son corps en jeu est une façon de se le réapproprier. De l'enraciner[1] en soi, de le mettre en « je ». L'enfant qui se vit comme la propriété de ses parents qui l'ont fabriqué va chercher à s'émanciper. Il lui faut récupérer le feu de l'Olympe, ce pouvoir divin de vie ou de mort sur lui-même. Prendre des risques, c'est expérimenter à son tour sur sa vie, c'est mettre sa vie en « je » dans le dessein de se donner la vie, de s'auto-engendrer.

Le vécu de mégalomanie qui occupe, comme on l'a vu, l'esprit de l'enfant élu, va devoir se confronter, une fois adolescent, à la prise de conscience qu'il n'est pas

1. Notons que l'étymologie du mot risque vient du grec *rhiza*, « racine ».

le roi du monde. Prendre des risques sera alors pour lui une tentative de mettre à distance les limites et le vécu pénible de sa petitesse vis-à-vis du monde environnant. Face à la culpabilité du survivant, le sens de la prise de risque est alors un mécanisme inconscient de s'éprouver comme pour se soumettre à un jugement divin : « Si je survis, c'est que je suis innocent et digne de vivre. » C'est l'équivalent de l'ordalie, épreuve judiciaire en cours au Moyen Âge, connue sous le nom de jugement de Dieu. Le suspect, en l'absence de preuves, était placé dans une situation périlleuse, par exemple jeté dans un fleuve, et sa survie signait une protection divine, et donc son innocence. À cette innocence proclamée s'adjoignait alors un supplément d'âme, de divin, qui faisait de lui un élu. L'adolescent qui échappe sans encombre à sa prise de risque se sentira légitimé dans son existence. Échapper à la mort devient la preuve que l'on mérite de vivre, c'est une garantie du droit à la vie.

Chez d'autres, il s'agira de confirmer le statut de héros de naissance porté inconsciemment en adoptant des conduites vécues comme héroïques par l'adolescent qu'il est devenu. Mais tous ne survivent pas à leurs prises de risques. Heureusement, les conduites à risques ne sont pas les seules voies d'accès à la gloire ; une réussite scolaire, sportive ou artistique pourra faire l'affaire.

Les fausses couches répétées n'ont pas la même incidence sur le « survivant » que dans les cas de PMA. On retrouve l'idéalisation de l'enfant, très attendu aux yeux des parents. Cependant, l'impact est moindre dans la mesure où la main de l'homme n'a pas fait le tri, ni opéré un choix. L'enfant peut entendre, et il est bon de lui présenter ainsi les choses, que les embryons concernés n'ont pas désiré naître.

Un arrêté de prudence

La procréatique définit tout ce qui participe au contrôle de la procréation humaine. Elle correspond à un vaste champ qui comprend la procréation médicalement assistée, ainsi que les méthodes contraceptives et les interruptions de grossesse. On connaît le slogan « un enfant si je veux et quand je veux », on pourrait ajouter « comme je veux ». Le professeur Israël Nissant, gynécologue réputé, a dit qu'on passerait de la médecine de la reproduction à une médecine de production d'enfant. Les PMA représentent un progrès considérable qui permet à un couple qui s'aime de donner la vie. Mais on ne peut pas faire l'économie d'une réflexion sur les conséquences psychologiques touchant les enfants nés des suites de ces réductions embryonnaires. Et l'on ne doit pas se reposer sur la capacité de résilience des enfants ou sur leur plasticité leur permettant de s'adapter à des situations les plus traumatiques, car cela se fait nécessairement au détriment d'autres aspects de leur développement. Les éventuelles prises en charge psychologiques ou psychiatriques de l'enfant ne sauvent pas toutes les situations non plus. Il y a malheureusement des traces indélébiles, dont certaines se révèlent tardivement ou qui sautent des générations.

Quant à l'enfant qui s'émeut de ces réductions embryonnaires, il importe de le déculpabiliser, de lui expliquer que c'est l'embryon qui avait le plus envie de vivre qui a été sélectionné, et que l'objectif commun de tous ces embryons était que l'un d'eux vive, comme dans un jeu collectif : tous pour un, et un pour tous. Enfin, on pourra lui expliquer que, dans la nature aussi, la mort sert la vie, grâce au cycle naturel de la vie.

Les conséquences délétères éventuelles des PMA sur les enfants donnent sa raison d'être à un projet d'arrêté ministériel prévu qui redéfinirait, suite à un texte de 1999, les conditions qui président aux implantations embryonnaires. Il inscrit dans le texte le caractère indispensable des échanges dans le couple et préconise de limiter à deux le nombre d'embryons implantés, voire un seulement dans certaines indications. Au-delà, une justification devra être fournie dans le dossier médical[1].

La femme est la première à être « défaite » par la perte d'un enfant à naître. Mais, on l'a compris, elle n'est pas la seule victime potentielle. L'homme, le couple, les enfants présents ou à venir sont possible-

1. *Le Monde*, 7 avril 2007.

ment touchés par cette disparition. J'ai, au cours de ce livre, égrener des conseils pour aider chacun(e) à guérir de la perte. J'ai plus spécifiquement présenté les modes de prises en charge médico-psychologiques pour soigner un syndrome post-traumatique à l'occasion d'un deuil périnatal. Je vais développer maintenant, sur un plan plus général, les modalités d'une prise en charge individuelle de la femme meurtrie. Mais surtout, je vais proposer des modalités d'intervention sociales qui permettront une reconnaissance sociale et un accompagnement de ce type de deuil. Cet encadrement a vocation thérapeutique, il institue la possibilité d'un travail de deuil accompli.

CHAPITRE VI

Supplique pour une reconnaissance sociale élargie du deuil périnatal

Une reconnaissance sociale élargie du deuil périnatal est l'un des axes principaux de l'aide aux mères, victimes d'une perte d'un enfant à naître, quel que soit l'âge de la grossesse, mais aussi aux pères et aux autres membres de la famille. Cette reconnaissance aurait certainement une fonction thérapeutique et préventive des possibles perturbations secondaires que j'ai décrites tout au long de ce livre. Afin d'aiguiller la réflexion sur les moyens à mettre en œuvre pour remplir ce vide symbolique dans notre société, je vous propose de voir auparavant les modalités en cours ailleurs et celles qui avaient cours jadis.

LES LEÇONS DE L'AILLEURS

À l'individualisme de nos sociétés occidentales, s'oppose le communautarisme solidaire des sociétés traditionnelles. Dans un contexte de collectivité d'individus interdépendants, on considère le contenu du ventre de la femme enceinte comme appartenant déjà à la société. C'est ce qui motive l'accompagnement et la protection de la femme enceinte par la communauté. De même, c'est ce qui explique qu'une femme enceinte ne soit pas tenue responsable de son état ; si elle ne va pas bien, c'est l'environnement qui est doit être remis en question. C'est aussi ce qui impose à cette femme de respecter les codes de bonne conduite et les interdits qui balisent la venue d'un bel enfant. Une forme de contrôle des naissances est donc naturellement présente. D'ailleurs, certaines sociétés n'hésitent pas à laisser mourir un enfant qui n'est pas conforme aux attentes sociales.

Ainsi, chez les Bariba du Bénin, l'anthropologue Marine Piejus[1] explique qu'on ne garde pas les enfants déclarés mal nés soit parce qu'ils sont porteurs de malformations, de signes distinctifs considérés comme funestes (par exemple, la présence de dents), soit parce qu'ils sont nés par le siège. Dans ces cas-là, l'enfant n'est pas porteur d'un ancêtre, mais il est l'incarnation

1. *Rencontre entre pensée occidentale et pensée Bariba autour de la problématique de l'infanticide traditionnel*, Mémoire de maîtrise d'ethnologie, sous la direction de P. Dibie, Paris VII, juin 1998.

d'un esprit maléfique. Considéré comme inhumain, il met de surcroît en danger la famille et la communauté. Toutes proportions gardées, autorisons-nous un parallèle symbolique avec la décision d'IMG en Occident : quel que soit l'âge du fœtus porteur d'une anomalie, celui-ci n'atteindra pas le statut d'enfant, car un avortement médical est mis en œuvre si la vie de la mère est en danger. Chez les Bariba, l'avortement est en revanche prohibé, toute promesse de vie humaine ne devant pas être entravée. Ainsi, l'enfant qu'on laisse mourir n'est ni habillé ni nourri, car cela le ferait d'emblée entrer dans la communauté des hommes, et ferait de sa mort un infanticide. Les parents paient celui qui est chargé de l'élimination – payer est sans doute une façon d'effacer sa honte. Ici, la honte remplace la culpabilité chez nous. On a honte d'une faute connue des autres, tandis que la culpabilité, on la subit tout seul. Il est plus aisé de se débarrasser de sa faute car la société en fixe le prix, tandis que la culpabilité est un puits sans fond.

Selon les anthropologues Catherine Le Grand Sebille[1] et Saskia Walentewitz, les Berbères d'Afrique du Nord prennent en charge la disparition des fœtus. Différemment, certes, dcs enfants mort-nés, puisque le fœtus n'est pas considéré comme un enfant, mais suffisamment pour ne pas être assimilé à un simple déchet humain. Dans le Haut Atlas, les femmes qui font une

1. « Les deuils d'enfants de la conception à la naissance, les pratiques rituelles », *L'Esprit du temps*, n° 119, 2001, p. 39-45.

fausse couche ont droit à des condoléances. On leur témoigne aussi la joie qu'on a de les savoir en bonne santé. En outre, on s'enquiert du sexe du fœtus. Selon les croyances de ces communautés, le fœtus a une âme. Il aura donc sa place au paradis. Dès cinq mois d'existence, ou sept mois selon les régions, il pourra être enterré dans un cimetière. Avant cet âge, il peut être enterré sous le seuil du logis, lieu où selon les croyances religieuses se côtoient les âmes des morts ainsi que les bons et les mauvais esprits. Cette dépouille, enterrée à l'orée du logement, est vécue comme protectrice pour la maisonnée.

Après ce voyage dans l'espace, faisons un voyage dans le temps pour prendre ou se déprendre des leçons du passé. Qu'en était-il en France, naguère ?

Jadis

Autrefois, en France, les nouveau-nés qui mouraient avant d'être baptisés n'avaient pas droit aux funérailles, ni au cimetière. Ces êtres, selon les croyances chrétiennes, ne pouvaient pas gagner le ciel, mais n'étaient pas pour autant condamnés à la damnation éternelle. Ce n'est qu'à partir du XIIe siècle qu'un espace virtuel leur est destiné : les limbes. La négligence à l'égard des fœtus disparus et l'absence de reconnaissance et de funérailles ne datent donc pas d'hier.

Est-ce que le chagrin des mères d'autrefois qui perdaient leur fœtus était différent de celui des femmes d'aujourd'hui ? On peut le croire pour diverses raisons : il n'y avait pas la personnification du fœtus qui existe aujourd'hui du fait des progrès de la médecine. D'autre part, l'importance de la mortalité infantile relativisait sans doute la gravité, et donc la douleur, de ces interruptions prématurées de grossesse. De même, la femme enceinte considérait différemment le fœtus en elle : il était moins comme une partie d'elle-même car, dans ces sociétés patriarcales et plus communautaires qu'elles ne le sont aujourd'hui, le contenu de son ventre ne lui appartenait pas totalement.

De plus, selon les théories médicales dérivées d'Hippocrate, on croyait que l'embryon était issu du spermatozoïde, et déjà tout constitué, sans l'aide des ovocytes. La matrice maternelle n'était qu'un réceptacle, pas inactif, certes, mais qui ressemblait à une sorte de four où le spermatozoïde allait croître et prendre une forme masculine ou féminine, selon le degré de chaleur et d'humidité fourni par lui. La femme était à l'origine du sexe de l'enfant, mais l'embryon était un morceau de l'homme qui lui était confié. Selon l'historien Michel Garel, les femmes au XVIIe siècle cachaient leurs fausses couches comme on cache une faute. Mais l'époque estimait qu'il était normal d'avoir des fausses couches avant une première grossesse menée à son terme, car il y avait nécessité d'expérimentations avant d'obtenir un bon résultat.

Dans la France du haut Moyen Âge, la mort de nouveau-nés est vue comme une punition divine[1]. C'est la position du pape Grégoire le Grand (590-604), reprenant le discours de saint Augustin qui tient ces enfants pour damnés. Avant eux, le moine Pelage, à l'aube de la chrétienté (360-422), ne croit pas au péché originel pour ces enfants et ne les pense pas condamnés. Si les enfants baptisés et morts avant leur confirmation ont leur place réservée au cimetière, ou dans le sanctuaire près des fonts baptismaux, il n'en est pas de même des enfants morts avant le baptême. Pour eux, l'enterrement chrétien au cimetière est interdit. Ils n'ont pas de lieu consacré et se retrouvent enterrés dans les champs à l'instar des animaux.

À partir du XIIe siècle, c'est pour répondre aux attentes de plus en plus pressantes de la population que l'Église définit les limbes comme le lieu d'accueil des âmes des enfants morts avant le baptême. Ce n'est pas le paradis, mais ce n'est plus l'enfer. C'est un lieu d'errance triste, mais sans les tourments diaboliques. À partir de cette évolution, les parents se sentent autorisés au recueillement. Des lieux à cet effet voient peu à peu le jour : il s'agit de chapelles, nommées sanctuaires à répit ou de la recouvrance, qui accueillent des familles, venant parfois de très loin y porter le corps

1. Jacques Gelis, *Les Enfants des limbes. Mort-nés et parents dans l'Europe chrétienne,* Paris, Audibert, 2006.

mort-né. Il arrive qu'elles obtiennent du curé qu'il les accompagne. La famille reste plusieurs jours, veille le corps en espérant un miracle. Le nouveau-né défunt est confié à la protection de la Sainte Vierge ou d'un saint consacré. Des femmes du village dédiées au sanctuaire à répit assurent l'encadrement de ces familles. Si le prêtre est présent, il dit des messes. En fait, on espère moins une résurrection complète qu'un souffle de vie, qui peut prendre différents aspects et qui n'a pas besoin d'être imposant : discret mouvement, rougeur ou pâleur subite, bruit de gaz, écoulement de larme, de sang, de selles, d'urine ou de sueur... L'intérêt de ce « répit » de la mort, ou de cette « recouvrance », est qu'il permet de baptiser l'enfant. C'est en effet un grave péché que de baptiser un mort. En cas d'absence du prêtre (par exemple s'il a des convictions « saint-augustiniennes »), la sage-femme, qui a porté l'enfant enveloppé dans un linge jusqu'au sanctuaire, a le droit, à partir du XVIIe siècle, de le baptiser. Cette autorisation marque aussi une évolution dans les mœurs car on pourra aussi baptiser les enfants en danger imminent après une naissance.

Ces cérémonies ont permis le baptême de nombreux enfants mort-nés ainsi qu'en témoignent les registres paroissiaux. Mais l'Église émettait de sérieuses réserves quant à la validité de ces « répits ». À partir du XIVe siècle, divers conciles et synodes interdisent ces cérémonies, les assimilant à de la superstition. L'Église va jusqu'à s'en référer à la médecine ! En effet, grâce à la diffusion du savoir médical, ces modifications de tonus, de couleur et les écoulements chez un corps défunt sont des phénomènes normaux. En 1764, le pape Benoît XIV interdit ces baptêmes, sauf en cas d'apparition d'un cri qui seul témoignerait d'un retour de vie. Ces différentes prohibitions ne font pourtant pas disparaître ces pratiques, mais les rendent secrètes. Au XIXe siècle, sous la pression des populations, l'Église doit faire marche arrière en accordant l'accès au cimetière aux enfants morts sans baptême, à la condition que cela se fasse le soir, sans démonstration et en silence.

Qu'en est-il aujourd'hui ? L'Église a revu sa position quant au salut éternel des enfants non baptisés. Le 20 avril 2007, le pape a fait disparaître les limbes, renvoyées au statut de « simple hypothèse théologique ». Les « anges » vont enfin entrer au Paradis.

Mais il reste à réaliser une véritable reconnaissance sociale, et à mettre en place des rituels laïques ou religieux pour ceux qui le souhaitent afin d'assurer un meilleur accompagnement des familles endeuillées et de prévenir des souffrances psychologiques.

Rituels pour aujourd'hui

Il y a aujourd'hui un début de prise de conscience collective quant à la nécessité d'établir des pratiques et des rites particuliers autour des dépouilles de fœtus.

L'affaire des embryons congelés

En août 2005, on apprend qu'à l'hôpital parisien Saint-Vincent-de-Paul trois cent cinquante-trois fœtus ont été conservés depuis plusieurs années sans véritable cadre légal et sans que les géniteurs en soient informés. L'émotions suscitée par cette affaire montre combien le fœtus conserve, pour tout un chacun, un statut particulier. D'ailleurs, depuis cette affaire, un décret a fixé à un mois le délai maximum de conservation des corps de fœtus. On comprend mieux, à l'éclairage de l'intensité de ces réactions, que la question du devenir du fœtus puisse se poser avec âpreté chez les femmes concernées directement par une fausse couche tardive ou une mort *in utero*.

De surcroît, une circulaire ministérielle devrait prochainement énoncer des recommandations de bonnes pratiques relatives à l'accompagnement du deuil des familles. Ces recommandations seront élaborées en étroite coopération avec les principales associations concernées. La Haute Autorité de la Santé doit également élaborer et rendre publiques des recommandations de bonnes pratiques en matière de pathologie du fœtus.

Le syndrome de Jonas

Jonas[1] et Pinocchio, chacun pour des raisons différentes, restent enfermés dans la baleine, comme l'enfant qui n'est pas reconnu être né reste imaginairement claustré dans le ventre de sa mère. Je propose que l'on nomme syndrome de Jonas cet enkystement psychique de l'enfant imaginé chez la mère, dû à un deuil impossible. Le terme même de « fausse » couche véhicule l'idée que l'accouchement est « faux », qu'il n'a pas eu lieu. Sa sortie n'ayant pas été validée par le corps social, tout se passe comme si l'enfant était resté au sein de sa mère, sinon dans son ventre, du moins dans sa tête. Et les tentatives maternelles de perdre les eaux en pleurant, à chaque date anniversaire, seront vaines pour le faire accoucher, puisqu'il n'y a pas eu la reconnaissance sociale qui valide cette délivrance.

Le rôle des équipes de soins

Le médecin généraliste ou le gynécologue sont bien sûr aux avant-postes pour informer et accueillir la souffrance de la femme en cas de perte fœtale. Leur rôle d'accompagnement est essentiel. Ils ont aussi une fonction de prévention quant à l'apparition de troubles ultérieurs. L'erreur est de se tourner trop tôt vers l'avenir en évoquant d'emblée une nouvelle grossesse. Il ne

1. Le livre de Jonas qui fait partie du Tanakh de la tradition juive et de l'Ancien Testament.

s'agit pas de désirer à la place du couple. Bien sûr, il importe que le médecin s'installe en empathie avec la femme, et soit dans un rôle d'écoute. La recherche d'une cause, en cas de fausses couches à répétition, a un effet de réassurance. Dans le cas d'une grossesse extra-utérine, le caractère d'urgence médicale, voire chirurgicale, ne doit pas faire oublier qu'une fois la santé de la femme préservée, la tristesse de la perte d'une promesse d'un enfant à naître doit être reconnue.

Dans le cas de décision d'interruption médicale de grossesse, la majorité des professionnels s'accordent à penser qu'il ne faut pas agir dans la précipitation, mais s'assurer que le choix est mûrement réfléchi afin de prévenir des regrets et une culpabilité ultérieure inexpugnables. Le temps est nécessaire, des entretiens avec différents spécialistes s'imposent. Les parents ont besoin d'être rassurés et de savoir que l'injection fœticide reçue empêche le bébé de souffrir. On veillera à ce que la même sage-femme accompagne la mère toute la journée. La femme sera rassurée sur sa propre santé physique car, dans son esprit, elle fait corps avec le fœtus mort *in utero* ou destiné a être euthanasié, ce qui pcut l'angoisser. Durant l'« accouchement », il est important de parler du déroulé étape par étape, d'évoquer l'enfant comme s'il était vivant, en le nommant si les parents l'ont nommé. L'anesthésie générale est à éviter car cela entraîne un trou de mémoire qui risque de provoquer un déni de la réalité *a posteriori*. Les obstétriciens recommandent la péridurale. Le père peut être présent. À l'expulsion, la femme aura le choix de voir le bébé ou non.

De la qualité de cet accompagnement par l'équipe de soins, que ce soit dans le cadre d'un avortement spontané, volontaire ou médical, dépend en grande partie le vécu ultérieur de la femme.

Devenir des fœtus

La circulaire du 30 novembre 2001 permet la reconnaissance de l'enfant mort-né dès la vingt-deuxième semaine d'aménorrhée (cinq mois de grossesse), sans l'imposer. Elle ouvre à une reconnaissance sociale de l'existence de cet enfant mort, car on établit alors un « acte d'enfant né sans vie ». Elle donne droit à un congé de maternité. Les parents peuvent lui donner un prénom, et l'inscrire dans leur livret de famille. Cette inscription à l'état civil fournit les éléments d'une individualisation – ce qui diffère cependant de la personnalité juridique. Si les couples sont réticents à inscrire le bébé sur le livret de famille, ils peuvent le faire ultérieurement. Enfin, ils sont informés des possibilités de la mise en place de funérailles.

Cependant, les fœtus mort-nés avant vingt-deux semaines d'aménorrhée n'ont pas de reconnaissance légale. Ils ne peuvent pas bénéficier d'obsèques, comme jadis les enfants morts avant d'être baptisés. Sur le plan légal, ils sont considérés comme des déchets humains, et étaient jusqu'à peu brûlés avec les déchets hospitaliers. Sauf si l'enfant né avant six mois a manifesté un signe de vie (quelques mouvements), il peut alors aussi être déclaré.

Juliette était enceinte de cinq mois et demi quand elle eu une IMG. Elle n'a pas pu voir son « enfant ». Elle ne l'a pas demandé, et l'on ne lui a pas proposé. Elle ne se souvient pas de grand-chose au sujet de l'accouchement. Elle était anesthésiée, et les jours qui ont suivi elle était sous calmants qui ont effacé sa mémoire. Il lui est arrivé de se demander parfois si tout cela était bien arrivé tant elle aurait aimé qu'il en soit ainsi. Non pas qu'elle doute avoir été enceinte, mais il lui arrive en se réveillant le matin de croire l'être encore. Et cela des années plus tard. Elle n'en a parlé à personne, pour ne pas être prise pour une folle. Mais, aujourd'hui, elle s'accorde avec moi pour dire que c'est cette création de l'esprit qui l'a empêchée de devenir folle justement, folle de tristesse. Pourtant, elle pense également que si son bébé avait eu une reconnaissance officielle, elle aurait sans doute moins perdu pied avec la réalité.

Inscrire le fœtus dans une lignée

Dans le cas de fausse couche tardive, de mort *in utero*, ou d'IMG, inscrire l'être à l'état civil ou sur le livret de famille, organiser des funérailles, sont des manières de relier cet être à sa famille et à la chaîne des humains. Il n'est pas question de vénérer, d'idéaliser ce bébé défunt, il s'agit de l'affilier à une biographie qui est la sienne. En rendant à chacun sa place, on évite les enfants de remplacement, et l'on permet aux autres bébés à venir de vivre en tant que sujets à part entière. La perte fœtale est une amputation. Il ne s'agit pas spontanément, dans l'imaginaire de la femme, de la perte de quelqu'un, mais d'une partie d'elle-même. Dans la mesure où il n'y a pas eu d'interaction entre le parent et l'enfant espéré perdu, celui-ci risque de s'enkyster dans l'imaginaire ou de poursuivre sa croissance, en devenant un enfant dans le corps d'un autre (enfant de remplacement). Or, la présentation du fœtus aux parents, à la morgue de l'hôpital, prévient cela.

Humaniser le fœtus

En cas d'avortement spontané ou médical, des photos sont prises et restent dans le dossier à la disposition des parents. Ils pourront les voir quand ils le souhaiteront. Si le corps reste à la morgue jusqu'à ce que la femme quitte l'hôpital, cela lui permet de prendre le temps de changer d'avis si, dans un premier temps, elle ne souhaite pas le voir. Les parents peuvent ainsi rester seuls, un temps, avec le corps. La présence d'autres membres de la famille ou de l'entourage a tout son sens dans la reconnaissance familiale et sociale qu'elle permet. Tout au long de ces étapes, les parents ont droit à une présence de personnel en empathie avec eux, qui leur dit à chaque étape ce qui les attend. Par exemple, expliquer la nécessité éventuelle d'une autopsie. Un soutien spirituel leur est proposé.

Le corps recueilli, nommé, lavé, habillé, maquillé, parfumé est ainsi humanisé. Vêtir le corps du fœtus, c'est le rendre humain. Symboliquement, c'est une façon de le séparer de la peau maternelle, de lui faire quitter l'humus maternel. Dans toutes les cultures, le corps d'un nouveau-né, s'il n'est pas habillé, du moins est-il alors recouvert de matière comme des pigments en certaines tribus indiennes. Il s'agit par là de le faire changer de peau, de le délivrer de sa peau fœtale, de son « moi » fœtal. Amandine : « Quand je l'ai vu enveloppé dans son petit drap blanc je me suis dit que c'était son premier lange et son premier linceul. Une vie en raccourci. »

Dans la chambre mortuaire où il repose, les parents viennent le saluer, lui lire la lettre du grand frère ou lui donner la peluche offerte par la petite sœur. On peut aussi prendre l'empreinte à l'encre de la main, ou cueillir un brin de cheveu. On pourra placer le corps dans un petit cercueil. Tous ces éléments de rituel vont singulariser cet être et l'amarrer à l'histoire familiale. Cela évite de le laisser flotter dans la mère, et son inconscient, avec le risque supplémentaire de conséquences transgénérationnelles dans l'inconscient des enfants à venir.

L'ensemble de ces rituels confère une identité au fœtus devenu enfant immature en quittant le ventre de la mère. Ces rituels décollent donc symboliquement cet enfant de sa mère. Ils offrent un réceptacle social qui prend le relais du réceptacle maternel. Ils garantissent la sortie de l'enfant hors du nid psychique de la mère. Car c'est la persistance de la nidification psychique, du fait de l'absence de reconnaissance sociale, qui empêche la mère de faire le deuil et qui entraîne la récurrence du chagrin ainsi que le risque d'enfant de remplacement. En l'absence de cette reconnaissance, il y a une fossilisation psychique de l'enfant imaginé. Dans son livre, Anne-Françoise Lof[1] évoque la mort néonatale de Saskia, née à vingt-deux semaines et demie d'aménorrhée, provoquée par son exposition au Distilbène, hormone prescrite lors de cette grossesse. L'auteure rend grâce aux équipes soignantes de ne pas avoir minimiser le caractère dramatique de l'événement. La demande du prénom par la sage-femme l'a touchée. L'autopsie l'a rassurée car cela donnait « corps » à sa fille. La présentation du corps, vêtu par une infirmière d'une brassière, les photos prises, le bracelet de naissance et l'enterrement du corps dans un lieu adapté et non parmi les déchets hospitaliers, conféraient une reconnaissance sociale. Bien accompagnée, cette dame a pu accompagner dans la paix cette naissance vers la mort.

1. *Saskia ou le deuil d'un bébé Distilbène*, Paris, Frison-Roche, 2000.

Mais ces progrès ne concernent que les fausses couches tardives, qu'en est-il des fœtus de moins de vingt-deux semaines d'aménorrhée ?

Quel rituel pour les fausses couches précoces ?

Quand la fausse couche est précoce, il n'y a pas de possibilité d'obtenir une reconnaissance sociale. Les « enfants » mort-nés à moins de vingt-deux semaines d'aménorrhée n'existent pas aux yeux de la loi. Il n'y a pas de cérémonial dans la morgue de l'hôpital, et aucune inscription n'est possible sur le livret de famille. Ce déni juridique et social rend difficile le travail de deuil des parents.

Depuis peu, certaines municipalités permettent l'enterrement d'enfants mort-nés de moins de vingt-deux semaines. J'y reviendrai un peu plus loin. Lorsque les parents ne souhaitent pas de sépulture, c'est l'hôpital qui prend en charge l'incinération, conformément à la circulaire du 30 novembre 2001. Pour que le deuil d'une personne puisse se faire, il faut [1] qu'il y ait une identification du défunt, des rituels funéraires et une différenciation psychique des différentes générations et individus. Or, dans les deuils périnataux à moins de cinq mois de grossesse, le corps du disparu est difficile-

1. Geneviève Delaisi de Parseval, « Les deuils périnataux », *Études*, n° 387-5, novembre 1997, p. 457-465.

ment accessible, les rituels, absents, et le défunt est souvent assimilé à un ancêtre mort ou à un enfant de remplacement qui viendra.

L'acte de parler est alors essentiel. C'est le principal moyen pour la mère, en l'absence de corps accessible, de défusionner de son fœtus imaginaire. Informer l'entourage et recevoir des condoléances est le premier pas vers la réalisation de la nécessaire dénidification psychique. On l'a vu, il est bénéfique d'en parler aux enfants en leur expliquant que le fœtus n'a pas voulu naître et devenir un bébé. La FC ne doit pas être une affaire purement personnelle pour la femme. Il s'agit de faire naître le fœtus socialement et de lui donner un statut qui le sépare de la mère, non de faire du fœtus un enfant : en reconnaissant le décès de ce fœtus, on évite de le laisser grandir imaginairement et de devenir un enfant dans la tête de la mère ou des autres enfants. La prise en charge médico-psychologique, quand elle est possible, aide à objectiver la perte. Elle permet de lui donner une représentation à défaut d'un corps pour rendre possible un deuil.

Il est difficile de faire le deuil d'un « objet » inaccessible. Pour ce faire, il est nécessaire que la femme puisse obtenir tous les éléments de réalité possibles, que ce soit par la découverte d'une cause, ou la possibilité de voir le corps du fœtus. Dans ce cadre, il peut être utile, surtout lors de fausses couches répétées et quand le médecin le recommande, de recueillir les produits d'expulsion de la fausse couche et de les porter dans un laboratoire d'anatomopathologie pour analyse.

Afin que la femme puisse se détacher de son « enfant perdu », une interaction avec le corps réel doit, dans la mesure du possible, avoir lieu. Pascale : « Assise dans mon salon, j'ai eu soudain mal au bas-ventre. J'ai commencé à saigner. Je suis allée aux toilettes. Quand j'ai perdu mon embryon dans la cuvette des WC, je ne savais plus quoi faire. J'ai été tentée de le ramasser pour l'enterrer. Mon mari m'en a dissuadée. Il m'a serrée dans ses bras. Il y avait sur la table de la cuisine un petit bouquet de pâquerettes que ma fille de cinq ans m'avait apporté la veille. Mon mari l'a pris et l'a posé délicatement au fond de la cuvette. On a dit au revoir. La cuvette s'est emplie d'eau et le courant l'a emporté. J'ai dit à ma fille qu'il avait rejoint la mer désormais. »

Si l'idée que la présentation du corps du fœtus âgé de plus de cinq mois est aujourd'hui adoptée, je considère, avec d'autres, que cette présentation a également du sens avant ce fameux cinquième mois de grossesse qui octroie une reconnaissance sociale au nouveau-né mort. L'image d'un fœtus avorté heurte, y compris les professionnels confrontés à la mort néonatale. Mais pour une femme, regarder son fœtus le change parfois en enfant. « Regarder, c'est être peintre[1]. » Du réel mortifère, la mère se donne à voir une représentation personnelle acceptable.

1. Henry Bataille, *Écrits sur le théâtre,* Paris, Éd. Georges Crès, 1917.

Une infirmière qui accompagne des femmes lors d'avortements ou de fausses couches m'a confié avoir entendu certaines d'entre elles parler au fœtus expulsé, lui demandant pardon ou lui disant adieu.

Les rites sont ce que les humains ont inventé de mieux pour supporter l'angoisse de la mort. « Puisque ces mystères me dépassent, feignons d'en être l'organisateur », écrivait Cocteau [1]. Ils donnent le sentiment d'un contrôle sur la vie, sur le temps aussi, pour lequel ils sont ce qu'« une maison est à l'infini de l'espace » selon le mot de Saint-Exupéry [2]. À l'aube de l'humanité, sont apparus des rites autour d'événements de vie, tels que la mort. L'usage de rites signe le passage de l'animal à l'humain. Ils accompagnent les grands moments de l'existence, ceux qui témoignent d'une transformation physique et sociale (naissance, puberté, mariage, mort). Ils permettent aux individus, grâce à l'accompagnement social organisé, de dépasser des moments douloureux et angoissants et de poursuivre leur développement. Leurs absences, lors d'un événement de vie éprouvant, favorisent l'installation durable de troubles psychologiques ; que ce soit un état dépressif, de l'anxiété généralisée ou un sentiment de culpabilité. La mise en place de rites d'ordre funéraire à l'occasion de mort néonatale, de mort *in utero*, voire de grossesse interrompue précocement permettrait une forme de reconnaissance publique du vécu personnel

1. Jean Cocteau, *Les Mariés de la Tour Eiffel*, Paris, Hoëbeke, 1994.
2. Antoine de Saint-Exupéry, *Citadelle*, Paris, Gallimard, 1963.

face à un événement de vie important. Puisqu'une déclaration à l'état civil n'est pas possible avant cinq mois, le fœtus n'ayant pas le statut d'enfant, il serait souhaitable que l'on puisse proposer une autre forme de reconnaissance d'une vie avortée.

Jadis, en Occident, lors des rites d'enterrement chrétiens, le cercueil devait passer au-dessus d'une rivière, car les âmes des défunts ne devaient pas pouvoir revenir vers les vivants, bloqués qu'ils étaient par cette surface. On couvrait également les miroirs pour qu'ils n'hébergent pas les âmes à l'heure de la mort. Le cimetière, l'enterrement ou l'incinération ont cette fonction essentielle de séparer les morts des vivants afin que les uns n'entraînent pas les autres. On comprend alors que, pour une femme endeuillée par une grossesse interrompue, il est aussi nécessaire de rendre possible cette séparation grâce aux rites. L'expulsion physique du fœtus n'est pas suffisante, on l'a vu, s'il n'y a pas également un rite qui empêche un retour imaginaire du fœtus expulsé. Les rites d'adieu délivrent mentalement la femme du fruit de ses entrailles.

Phana est mère de trois enfants. Elle est cambodgienne et vit en France. Hospitalisée en urgence suite à des saignements, elle découvrit à l'occasion de cette fausse couche précoce qu'elle était enceinte. Choquée dans un premier temps, elle se rétablit vite. Quelques mois après, son mari tomba malade sans cause médicale décelée (insomnie, fatigue, amaigrissement).

Phana perçut alors un mauvais esprit féminin dans l'appartement, qu'elle jugea responsable de la maladie, et qui l'angoissa beaucoup. Elle décida de déménager, ce qui la soulagea aussitôt, d'autant plus que son mari guérit peu à peu. Elle repensa alors à sa fausse couche et décida de dédier à la disparue (car elle imaginait une fille) un petit autel dans un coin du logis, avec de l'encens et une bougie toujours allumée. Quelques années plus tard, Phana rêva d'une petite fille lui disant adieu, elle put enfin éteindre la bougie.

Aujourd'hui, une prise de conscience s'amorce. Ainsi à Éloie[1], village du Territoire de Belfort, le cimetière abrite depuis peu un espace baptisé « jardin des anges » dédié aux fœtus, où les parents peuvent se recueillir sur les sépultures de fœtus nés avant vingt-deux semaines. C'est le contraire d'un jardin secret puisqu'il est une reconnaissance sociale des fœtus disparus et détache les parents de ce fœtus, permettant d'en faire le deuil avec ces rituels.

TRAITEMENT

La prise en charge psychothérapique de la mère, ou des autres membres de la famille endeuillés par une perte fœtale, est aussi une forme de reconnaissance sociale.

1. *Libération*, lundi 30 mai 2005.

Face à la souffrance de la perte d'un enfant à naître, les types de prises en charge peuvent faire appel à des techniques différentes qui, loin de s'opposer, sont complémentaires.

Alors qu'il labourait son champ, un paysan étrusque sentit le soc de sa charrue heurter un obstacle. C'était la tête d'un enfant vivant. Il le déterra. Cet enfant s'appelait Tages. Il devait être là depuis longtemps puisqu'il avait les cheveux gris d'un vieillard. Présenté aux princes des cités étrusques, il livra un enseignement plein de sagesse, conservé dans les livres de Tages. Ce mythe étrusque millénaire illustre la technique psychanalytique du psychiatre, ou du psychologue, auprès d'une femme qui aurait enkysté en elle, parfois depuis des années, son enfant mortifié. Il se doit de le déterrer d'elle, de lui faire dire l'histoire singulière qu'il porte, afin de permettre à la famille de retrouver la sagesse et le repos.

Certaines techniques comportementales de reconnaissance d'un enfant peuvent être cathartiques, par exemple le visualiser en pensée et lui dire « pardon » ou « je t'aime ». Il s'agit de se le représenter dans un au-delà qu'on imagine.

Des groupes de soutien existent et sont proposés par des associations constituées notamment de parents ayant vécu des deuils périnataux. Ils ont une efficacité réelle dans l'aide qu'ils apportent aux femmes pour se reconstruire grâce à la reconnaissance qu'ils donnent au vécu de perte.

De même, des thérapies de couples sont parfois nécessaires au cours de la première année qui suit l'interruption de grossesse.

La prise en charge d'un ou des enfants, s'ils présentent des symptômes, se fera auprès d'un pédopsychiatre ou d'un psychologue pour enfants.

Des psychothérapies familiales ont un grand intérêt si l'on considère que l'ensemble de la famille est potentiellement touché.

L'accès à des consultations, ouvrant sur un suivi psychologique, au-delà d'un rendez-vous unique, devrait être possible après une fausse couche ou une IVG.

Un mot de conclusion

Il est temps de reconnaître que la perte d'un enfant à naître, qu'elles qu'en soient les modalités de départ (FC, IVG, IMG, PMA), est un facteur potentiel de souffrances et de troubles, à moyen et à long terme chez une femme, mais aussi dans le couple et l'ensemble de la famille, présente et à venir.

Ces douleurs sont de plus en plus importantes, du fait de la personnalisation accrue du fœtus, favorisée notamment par les techniques de visualisation, la programmation des grossesses et par les progrès de la médecine de la reproduction qui donnent le sentiment d'une maîtrise sur la procréation, quel que soit l'âge. Il s'agit, au vu de la fréquence de ces interruptions, d'un véritable problème de santé publique qui n'est pas suffisamment, loin s'en faut, pris en considération.

Il importe que ces différents symptômes, chez tous les membres, soient connus pour être repérés, et traités à défaut d'être prévenus. En plus des particularités psychologiques et affectives propres à la femme enceinte, et qui permettent de comprendre les fondements psycho dynamiques de l'impact d'une telle perte, la spécificité des modalités de « départ », ainsi que les conditions psychologiques préalables, sont à prendre en considération. Chaque femme concernée doit avoir la possibilité de voir reconnue son éventuelle souffrance, qu'elle soit immédiate ou secondaire, et son mode d'expression du chagrin. Cette reconnaissance est la seule manière, pour elle, de se délivrer du fantôme qui peut la hanter, de faire son deuil, de guérir de la perte, de retrouver le plaisir d'être avec elle-même, de sortir éventuellement d'un champ traumatique, et de croire de nouveau en ses compétences de femme et de future mère.

On l'a vu, la souffrance du conjoint doit également être reconnue et traitée. Connaître les conséquences possibles d'une telle perte sur le couple ne l'empêche pas de tanguer, mais l'aide à garder le cap. Les enfants présents et à venir sont aussi gravement menacés dans leur équilibre psychologique, et les diverses réactions doivent être décelées et prises en charge, à défaut d'être prévenues. Tout un chacun, témoin d'une telle perte dans son entourage proche ou professionnel, a un rôle à jouer, par son écoute, son empathie ou simplement en présentant ses condoléances. À plus grande échelle, une reconnaissance sociale du deuil périnatal, élargie aux fausses couches précoces, avec la mise en place de rites funéraires, est un facteur essentiel de soulagement. Aujourd'hui, les prémices d'une prise de conscience et d'une mobilisation des institutions sont à encourager.

Remerciements

À Mireille et Gaston pour s'être aimé et semer encore leur amour,

À Lisa C.,

Aux parents de mes petits patients qui m'ont confié leur chagrin dont ce livre est le receuil.

Table des matières

« Pour l'éditeur, le principe est d'utiliser des papiers composés de fibres naturelles, renouvelables, recyclables et fabriquées à partir de bois issus de forêts qui adoptent un système d'aménagement durable.

En outre, l'éditeur attend de ses fournisseurs de papier qu'ils s'inscrivent dans une démarche de certification environnementale reconnue. »

Photocomposition Nord Compo
Villeneuve d'Ascq

Impression réalisée sur CAMERON par
BRODARD ET TAUPIN
La Flèche

pour le compte des Éditions Fayard
en octobre 2007

Dépôt légal : octobre 2007
N° d'édition : 90665 – N° d'impression : 44032
35-57-3315-5/01

Imprimé en France